高中物理
拓展型作业的设计与应用

谭国武 著

广东高等教育出版社
Guangdong Higher Education Press
·广州·

图书在版编目（CIP）数据

高中物理拓展型作业的设计与应用 / 谭国武著. --广州：广东高等教育出版社，2024. 12. --ISBN 978-7-5361-7872-4

Ⅰ. G633. 72

中国国家版本馆 CIP 数据核字第 2024468Y3W 号

高中物理拓展型作业的设计与应用

GAOZHONG WULI TUOZHANXING ZUOYE DE SHEJI YU YINGYONG

出版发行	广东高等教育出版社 地址：广州市天河区林和西横路 邮政编码：510500　电话：(020) 87553335 http://www. gdgjs. com. cn
印　　刷	广东信源文化科技有限公司
开　　本	787 毫米×1 092 毫米　1/16
印　　张	12. 5
字　　数	272 千
版　　次	2024 年 12 月第 1 版
印　　次	2024 年 12 月第 1 次印刷
定　　价	42. 00 元

前言

2018年正处于新一轮课程改革的热潮中，课程标准处于新旧交替之际。在课程性质与基本理念方面，新旧课程标准既一脉相承又有所创新。在课程内容上，新旧课程标准都强调了要“加强与学生生活、现代社会及科技发展的联系”。在课程理念上，《普通高中物理课程标准（2017年版2020年修订）》提出：要引导学生自主学习，提倡教学方式多样化；要创设学生积极参与、乐于探究、善于实验、勤于思考的学习情境，培养和发展学生的自主学习能力；要注重体现物理学科本质，培养学生物理学科核心素养。

在研读新课程标准的过程中，笔者发现高中物理课程标准中有许多活动建议，高中物理教材中也有一些实践型、拓展型的栏目，但在笔者的教学中，以及所了解到的中山市其他物理教师的教学中，并没有得到很好的利用，而这部分内容对培养学生核心素养必然有其不可或缺的价值。实际工作中我们大多注重教知识、教方法，以至于轻实践、轻探究，对教材上的拓展型内容应用非常少。从平时与学生的交流中可以发现，许多学生觉得物理难学而且枯燥无味，学习兴趣不浓。基于此，如果把拓展型资源应用于教学，布置拓展型作业，改变千篇一律的纸笔作业练习题模式，既有利于培养学生的学科素养，又能增加学生的学习兴趣，应该是一件值得尝试的事情。

通过对本校物理教师的问卷调查和中山市其他示范性高中学校物理教师的访谈，可以发现很少布置拓展型作业的主要原因：一是有常规练习可供使用，认为没必要布置拓展型作业，考试考什么类型的题，平时就布置什么类型的作业；二是拓展型作业的指导讲评没有现成的实践经验可供借鉴，不如常规练习容易操作。这些现象不但说明物理教师的观念需要更新，也反映了对高中物理拓展型作业的研究非常不足，很有研究的必要性与紧迫性。

为此，笔者申请了中山市2018年立项的市级科研课题（课题编号：B2018157）

“高中物理拓展型作业的设计与应用”（于2021年6月结项），并获得第十二届中山市教育科研成果奖特等奖。在课题结项后的持续应用与推广的过程中，笔者对原来的课题成果又有较多的思考感悟。2021年后作为主要成员参与中山市桂山中学胡振欢老师主持的广东省教育科研规划重点课题“基于纸笔和实验操作双维度测试的高中物理学业质量评价实践与研究”（课题编号：2025ZQJK268），对拓展型作业的应用有了新的探索。本书是到目前为止本人对新形势下“高中物理拓展型作业”这一主题的思考提炼与实践总结。本着课题成果服务于课程改革、服务于教学、服务于培养学生学科素养的思想，将实践成果整理出版。

本书主要内容包括：高中物理拓展型作业理论概述、作业设计的原则与流程、作业实施的模式与路径、作业资料的典型应用场景、与普通高中物理必修与选择性必修六个模块教学内容配套的高中物理拓展型作业体系、几种典型的拓展型作业内容设计与学案示例、高中物理拓展型作业实施案例、高中物理综合实践活动与跨学科学习。根据高中物理拓展型作业的概念界定，综合实践活动与跨学科学习也可以视为拓展型作业的一种，但由于这两种形式与其他拓展型作业在内容与完成时间、难度方面有明显的不同，在目前的现实条件下，难以被整合进常规的教学中去，因此被单列为两章。（特别说明：本书所列高中物理拓展型作业主题，仅供参考。）每位教师对具体单元的教学有自己的理解，可以设计出不同的拓展型作业。

受限于本人的水平与实践时间，书中有不妥之处在所难免，恳请读者朋友和专家们不吝指教！教育教学既有既定的客观规律可循，又有随时代变化的新思想、新观念、新技术不断涌现，教育教学的改革与探索永无止境。如果本书能为广大物理教师和教育工作者提供一点有益的启发与思考，甚至能推广到更大范围的教学实践中去，本人将感到莫大的荣幸。

谭国武
2024年10月8日

序

法国哲学家和教育家雅克·马里坦（Jacques Maritain）在其著作《教育在十字路口》（*Education at the Crossroads*，1943）中，开篇讨论教育的目的，申明："教育的首要任务就是塑造人。"从 1957 年我国第一次明确提出培养"劳动者"，到 1990 年提出培养"建设者和接班人"，教育的使命和目标正经历着前所未有的变革。但是我们的教育方针的落脚点始终都是塑造人。

在人工智能时代的背景下，教育领域正经历着深刻的变革。不管怎样，作为传统教育的重要组成部分，高中物理教学面临着前所未有的挑战与机遇。如何在这样的时代背景下实现传统教育的创新发展，成为摆在我们面前的一道重要课题。《高中物理拓展型作业的设计与应用》一书，正是对这一课题的深入探讨和积极回应，为我们展示了如何通过创新的教育方式，来培养适应未来发展的建设者。

谭国武老师成长于风景秀丽、文化底蕴深厚的岳麓山脚下，在本科和研究生期间，他接受了系统而严谨的教育训练，其学术生涯深受湖湘文化的熏陶和中山文化的浸润。这两种文化的交融，不仅塑造了谭老师深厚的专业素养，更赋予了他独特的人生格局，为他今天的教育教学实践和研究奠定了坚实的基础。教育的最终目标是培养能够适应社会发展、推动社会进步的人才。在社会主义建设的征程中，我们需要的不仅是具备扎实专业知识的建设者，更需要具有创新精神、实践能力和全面素质的复合型人才。拓展型作业，作为一种全新的教学模式，正是指向这个方向。它旨在通过设计富有挑战性和创新性的作业任务，激发学生的学习兴趣，培养学生的创新思维和实践能力，从而全面提升学生的综合素质。

成熟的高中物理教学，传承着严谨的科学态度和系统的学科知识，这是我们宝贵的教育资源。然而，面对未来社会的挑战，我们不能满足于此。我们需要突破传统的教学模式，寻找新的教学方法和手段。从传统作业到拓展型作业的转变，就是为了更好地适应科技的发展和社会对人才的要求，这是时代的选择，也是未来的召唤。本书正是基于这样的理念而编写的。书中详细介绍了拓展型作业的设计原则、实施策略和评价方法，为高中物理教师提供了宝贵的教学参考。同时，本书还结合具体的教学案例，展示了拓展型作业在实际教学中的应用效果，为我们呈现了一幅生动而具体的教学实践画卷。

在未来的教育发展中，拓展型作业将成为越来越重要的教学手段。它不仅是对传统作业模式的有益补充，更是对未来教育发展趋势的积极回应。通过拓展型作业的设计与应用，我们可以更好地培养学生的创新精神和实践能力，为他们未来的发展奠定坚实的基础。

总之，本书是一本前瞻性和实用性兼具的教育著作。它不仅反映了谭老师深厚的专业素养和丰富的教学经验，更体现了他对教育事业的热爱和对未来的思考。这本书的问世，对于推动高中物理教学的创新与发展，培养适应未来社会需求的高素质人才，具有重要的意义。同时，也期待更多的学生能够在拓展型作业的引导下，发掘自己的潜能，成为优秀的时代建设者。

何晋中

2024 年 9 月

目　录

第一章

高中物理拓展型作业理论概述

高中物理拓展型作业设计是高中物理作业设计创新与学习方式创新的一种积极探索。这种探索必须要建立在一定的学习理论之上。本章对教育心理学中主流的学习理论进行了综述，阐述了本书关于学习的观点，总结了高中物理学习的特点；对作业设计进行了相关理论上的梳理，提出了高中物理拓展型作业的概念，并通过实例阐述了其内涵，为高中物理拓展型作业设计与实施提供理论基础。

第1节

高中物理拓展型作业设计的学习理论基础

在中小学教育中，作业是学生学习必不可少的一部分内容。国内外教育教学专家从不同的角度出发将作业分为各种类型的作业，例如，按时间分为课内作业与课外作业，课前作业与课后作业；按空间分为学校作业与家庭作业；按特征分为分层作业与统一作业，常规习题作业与开放性作业、实践性作业；按功能分为预习作业与巩固作业；等等。不管哪种类型的作业，都是为学生的学习服务，是学生学习的重要组成部分。科学合理的作业设计，建立在一定的教育心理学学习理论基础之上。

一、关于学习

（一）学习理论综述

学习的过程是人的心理形成、变化与发展的过程，因此对学习的研究一直是教育心理学的重要主题。早期的学习理论主要有以桑代克、华生、斯金纳为代表的联结主义学习理论。其核心观点是，学习过程是有机体在一定条件下形成刺激与反应的联系从而获得新经验的过程。①

与联结主义学习理论对立的是认知主义学习理论。认知主义学习理论的主要代表有格式塔学派的完形学习理论、托尔曼的符号学习理论、布鲁纳的“认知—发现”学习理论、奥苏贝尔的“认知—同化”学习理论等。认知主义学习理论认为学习过程不是简单地在强化条件下形成刺激与反应的联结，而是有机体积极主动地形成新的完形或认知结构的过程。注重经验与内部动机对学习的重要作用，强调理解、积极思考与

① 沈德立．学习理论的进展［M］．天津：天津科学技术出版社，2008.

认知的作用。①

早期的这两大学习理论，均从动物的学习行为研究开始，过渡到人的学习研究，对于揭示人的学习的心理过程仍然具有较大的局限性。对人的思维过程的解释，对人的高阶学习和复杂认知过程的解释，促进了学习理论的发展。学习理论新发展的主要代表有认知—行为主义学习理论、人本主义学习理论、建构主义学习论等。

认知—行为主义学习理论从联结主义和认知主义两大学习理论中汲取合理的成分，一方面承认行为的基本单位是刺激与反应的联结，另一方面又着重探讨刺激与反应之间的中介因素——认知活动，即刺激—反应的中间过程。认知—行为主义学习理论的主要代表有：(1) 加涅的信息加工理论。信息加工理论是现代认知心理学的理论核心，即把人认识事物的心理过程看作是对信息加工的过程，认为人是一个信息加工系统，能够对信息进行接收、存贮、处理和传输。几乎所有的信息加工论者都认为，学习实质上是由习得信息和使用信息构成。(2) 布鲁姆的掌握学习理论。"掌握学习"又译为优势学习、熟练学习，是指只要具备所需的各种学习条件，任何学生都可以完全掌握教学过程中要求他们掌握的全部学习内容。②

人本主义学习理论强调人的价值和人有发挥潜能自我实现的倾向，认为学习要从学生的主观需要入手，帮助学生获取他喜欢而且有意义的知识。人本主义学习理论的典型代表有罗杰斯的意义学习理论。罗杰斯的意义学习理论充分体现了全人的理念，凸显了对完整个体的情感、态度、经验以及其未来发展的一种生命的全程关注。罗杰斯在教学方面提出了"学生中心论"教学观，建构以学生为中心的教学，反对以教师为中心的传统教学。人本主义的教学形式有很多，但有一个共同的特点：把愉快和有意义视为学习的动力，把学习者的情感和思想整合起来，而不是只教授内容；把教师的作用定位在催化和促进上面，而不是权威的角色。③

建构主义思想的产生源于17世纪末意大利哲学家维柯，而建构主义学习理论的真正兴起却是在20世纪80年代后期。建构主义的心理学来源有皮亚杰的建构观、维果茨基的社会心理发展理论、布鲁纳的认知—发现学习理论、奥苏贝尔的认知同化理论。建构主义的共同观点认为：学习是人的心灵的内部生成过程，知识不是被动获得，而是由认知主体主动建构的结果。对于学习的实质，建构主义有以下观点：(1) 学习是认知结构的改变过程。同化与顺应是学习者认知结构发生变化的两种途径。(2) 学习是学习者主动建构内部心理表征的过程。(3) 学习是在具体情境中产生的，具有情境性。(4) 学习者应该通过合作学习，相互交流、相互启发、相互补充，使理解更为丰富、全面。④

---

① 莫雷. 西方两大派别学习理论发展过程的系统分析 [J]. 华南师范大学学报 (社会科学版), 2003 (4): 103 - 110.

②③④ 沈德立. 学习理论的进展 [M]. 天津: 天津科学技术出版社, 2008.

（二）本书关于学习的观点

本书最终想讨论的学习是人的学习，尤其是学生在专门领域的学习。人作为学习的主体，其个性、智力与情感等都具有个性化与差异化。学习的过程中人的内部心理过程具有较大的复杂性和内隐性。学习的对象为解释世界的知识与改造世界的技能等。由于学习的主体、客体与过程的复杂性，古今中外，关于学习的理论虽然非常多但并没有统一的标准。前文所列举主流学习理论，在对学习的认识上也是逐渐进化的，从动物的学习到人的学习，从个体的学习到个体与组织、环境的交互，从简单的“刺激—反应”联结到学习的内部心理研究，再到心理与情感的变化发展等。随着科技的发展，对学习心理过程的研究也必将不断深化，学习的理论也将持续发展。

对现代教育教学影响较大的建构主义学习理论认为，学习是学习者主动建构内部心理表征，改变认知结构的过程，学习是在具体情境中产生的，具有情境性。认知心理学主要研究人的认知过程，重点研究人的知识的习得、在大脑中的储存和重组、在新情境中运用的规律，以及行为怎样受人的认知调节的规律。认知心理学家一般把学习定义为“由经验引起的能力或行为倾向的相对持久的变化”①。从学习的心理过程来看，这一定义并不清晰，它只说明了学习的起点即人的经验，学习的结果即“引起能力或行为倾向相对持久的变化”，对学习的过程并没有清晰的界定。

本书对学习的定义是：学习是主体对客体进行认知探索并逐渐形成认知图式的心理建构活动。

从学习的起点来看：学习的起点为情境中的未知问题对已有的认知结构的“访问”。学习继续向前发展的动力，来自于已有认知结构对未知问题的回应，包括客体信息引起的认知拓展与认知冲突，也可能来自于环境的刺激（压力或激励）。

从学习的过程来看：学习是一个认知过程，主体对客体的认知探索是一种主客体之间相互作用的过程，这种作用体现在主体已有认知图式与客体新信息之间。相互作用的第一步，是已有认知结构对未知问题的回应。从情境中获得一个已有认知结构中所没有的信息，从而提出问题，即“是什么”“为什么”“怎么办”，这个未知的信息将与原有认知结构相印证，如果与原有认知结构中相关联的认知图式可以相互印证、相互推理论证，则原有认知图式得以拓展与进化；如果原有认知结构中没有任何相关信息，或者原有认知结构中的相关认知图式对问题并不能进行支持佐证，甚至引起认知冲突，则学习者会对未知问题作出假设与预测，并通过推理论证或实践操作等活动进行进一步的探索，从而获得对未知事物的新认识，建立起一个全新的认知图式或者改造原有的认知图式，并将其纳入到头脑中已有的认知结构中去。

从学习的结果来看：学习的结果是建构起最新的事物认知图式，包括知识、技能与情感态度等方面的内容。学习所获得的知识，并不是一成不变的。如果学习过程推

① 吴红耘，皮连生. 学与教的心理学［M］. 6 版. 上海：华东师范大学出版社，2020.

理论证或实践操作中出现错误，则可能获得错误的知识，在后续的学习中可能引起认知冲突从而得到修正机会。由于学习过程中学习者自身思维水平、学习对象与情境的局限性，学习所获得的知识也必定具有局限性，只可能是不断靠近相对真理的知识。学习所获得的技能来自于观察与实践操作，包括动作技能与问题解决的技能。学习，尤其是通过实践或者合作实现的学习，过程中需要克服人性的弱点如惰性、自卑等，对人的情感、态度与价值观等将产生潜移默化的影响，因此学习也在塑造着人的精神世界。

从学习的主客体与环境来看：学习者是学习的主体，知识不管通过何种途径被纳入人的认知结构，都需要学习者的亲力亲为，他人不可能代替学习，知识也不可能直接“植入”到人脑中。除了极少数简单技能的学习，其他学习离不开学习者的主观能动性。学习的客体即学习内容，在学校教学中，为了学习的系统性与连贯性，或者为了遵循一定的课程规划与教学计划，一般由教师预先计划学习内容。因此，在学校教学中，教师对学习目标与内容起规划指导的作用，在学习过程中，作为学习环境的一部分，起着对学生提供刺激与信息反馈的作用，是学习环境中运用最灵活的学习资源。虽然教师在学习过程中担负着培养学生的重要责任，但并不是必不可少的因素。如果学生有条件进行自主学习，教师也不必亲临学习现场。

二、高中物理的学习

（一）高中物理学习的认知过程

物理学是一门研究自然界物质的基本结构、相互作用和运动规律的基础学科。

高中物理的学习客体是自然界物质的基本结构、相互作用和运动规律，是对“物”的研究。物理学习的环境，是包含有“物”的环境，包括物质实体以及音频、视频、图画或文字等信息载体。物理学习中，由教师或学生自己创设学习环境，这个环境不仅要包含能刺激学生思考的信息，也要包含能维持学生学习的资源，如课本、实验器材等。

物理学习的过程，从问题开始。课堂教学中教师根据学生当前的认知结构与已有知识经验，从中提出与学习对象有关的问题，创设问题情境，从而对学生头脑中的原有认知图式产生刺激，启动学生的思维过程。学生通过对问题的思考，以及与环境的互动，建构物理概念，学习物理原理，探索物理规律。与环境互动最常见的途径有如下四种：第一，与教师的互动。教师通过演示、讲授、提问与答疑向学生传递信息，学生在新信息与原有认知图式相互作用后，向教师反馈信息，从而产生与教师的互动。第二，与同学的互动。同学之间通过交流与讨论，使得彼此头脑中的认知图式得到演化更新。第三，与视频、书籍等学习资源的互动，获得新的信息。第四，通过实验探究与问题解决等实践操作，实现与自己的互动。通过判断实验探索或问题解决中结果偏离预期的程度，不断纠正自己的思维内容，从而实现与自己的互动。前一阶段的也是下一阶段学习环境的一部分。高中物理学习的心理过程，是主体通过与环境的互动，引起认知同化或顺应的发生，建立起更新的认知图式的过程。

（二）高中物理学习的认知规律

高中物理学习的认知规律，主要有从表象到本质，从感性认识到理性认识，从特殊到一般，再从一般到特殊，从简单到复杂等特点。

物理概念是物理现象、物理过程的概括化和抽象化的思维形式，是物理学习或物理思维的基本单位，是物理基础知识最重要的内容。①

高中物理概念的学习，往往从大量的感性认识开始，通过感性认识素材与头脑中已有的观念的对比，提出新的问题，进行比较、抽象、概括，最终提炼出具有一般性的物理概念。在物理概念的建立过程中，学习者通过感知、记忆、表象、思维等认知操作，在头脑中建立初步的物理概念认知图式。物理概念认知图式的丰富和完善，需要进一步对物理概念进行外延，包括感知同一概念的其他现象与实例，与相关联的其他概念建立联系，通过文字命题、公式符号、函数图像、静态或动态表象等多种表征形式，建立起概念的较完善的认知图式。

物理规律（包括物理定律、定理、原理、法则、公式等）是各种物理现象、物理过程在一定条件下发生、发展和变化的规律。它反映了物质运动变化过程中各个因素之间的本质联系，揭示了客观事物本质属性之间的内在的必然联系。②

高中物理规律的学习，一般从观察物理现象获得感性认识开始，通过感性认识与已有认知结构的认知冲突，提出一系列问题，启动一系列的思维操作与行动研究，如比较、归纳、抽象、假设、推理、实验探究、实验验证等，最终排除次要因素，提炼出事物之间的本质联系。物理规律的认知图式，也包括文字命题、公式符号、函数图像、静态或动态表象等多种表征形式。

高中物理规律的提炼，是一个从特殊到一般的归纳思维过程。要掌握物理规律，必须经过对物理规律的深度学习，包括物理规律的直接应用与在问题解决中进行迁移应用，这又是一个从一般到特殊的演绎思维过程。

物理概念与规律的学习不是一次性完成的，而是在后续的知识应用中不断得到深化的，从而使得头脑中物理概念与规律的认知图式更加丰富全面。

（三）高中物理的学科特点

物理学基于观察与实验，建构物理模型，应用数学工具，通过科学推理和论证，

①② 乔际平，邢红军. 物理教育心理学［M］. 南宁：广西教育出版社，2002.

形成系统的研究方法和理论体系。① 高中物理学科具有以下五个特点。

（1）实证性。物理学的知识建立在对物质世界现象的观察和实验探究的基础上。人们通过对物质世界的观察与测量，以及在此基础上的抽象、概括，提出概念与理论，进行合乎逻辑的科学推理论证与实验探究，逐步建立物理学的理论体系。因此，可以说物理学的知识来源于可重复观察的现象和可验证的实验事实，具有鲜明的实证性特征。因此，在学习高中物理时，需要有实事求是的尊重客观事实的科学精神，对未知事物持有怀疑的态度，并坚持实践是检验真理的唯一标准这一原则。

（2）系统性。物理学的知识以物理概念为基础单元，描述了物质世界研究对象及其属性、状态和变化过程，并通过物理规律将所有物理概念联系起来，构成了具有一定逻辑结构的知识体系，前后知识联系紧密，具有鲜明的系统性。因此，对高中物理的学习，必须要遵循一定的教学逻辑，由简单到复杂，逐步深化，在头脑中形成高中物理的知识体系。

（3）应用性。物理学的知识来源于观察与实验等实践活动，也必然与生产生活中的实际问题紧密联系。物理学是基础科学，是生产力与科技进步的核心推动力，具有鲜明的应用性。因此，对高中物理的学习，要注重理论联系实际，在实践中应用知识才能学到真正有用的知识。同时，学以致用也是加深对知识的理解，检验学习效果的重要途径。

（4）严谨性。物理学科的知识体系的建立过程，离不开严谨的实验验证与合乎逻辑的推理论证，以及使用数学工具进行的定量描述。这些特点使物理学科具有非常显著的严谨性。因此，对高中物理的学习，要掌握使用抽象、概括、归纳、比较、分析、综合、推理等科学方法，熟练使用常用的数学工具，注重分析因果关系，进行合乎逻辑的推理论证。

（5）基础性。物理学研究自然界物质的基本结构、相互作用和运动规律，为化学、生物学、地理、天文等很多其他自然科学提供基础性的支持，是自然科学的基础学科。物理学科不仅探索宇宙的演化这样的宏观问题，如探索物质世界从哪里来，如何演化等，也与生活中的各个方面息息相关，如家用电器、交通工具、房屋桥梁、无线通信等领域都离不开物理学的知识。因此，物理学科具有显著的基础性。

要学好高中物理，对学习者的学习方法和态度方面，还有几个基本的要求。第一，学习要有自主性。自主性是指要主动观察、主动思考、主动学习，有钻研精神。要做生活的有心人，看到生活中或自然界的事物，能主动思考其背后的科学原理，并对其进行解释与创造性的改造。第二，学习要多样化。物理的学习不能只有课堂听讲与课后做习题。物理的学习离不开观察生产生活中的相关现象、动手操作与实验，要动手测量，动手做验证性实验和探究性实验。第三，学习要进入深度学习。物理的深度学习要求注重思维方法的学习，注重思维方法的迁移应用，注重运用物理知识与方法解决实际问题。

---

① 中华人民共和国教育部. 普通高中物理课程标准（2017 年版 2020 年修订）[S]. 2 版. 北京：人民教育出版社，2020.

第 2 节
高中物理拓展型作业的概念与意义

高中物理拓展型作业设计是高中物理作业设计创新的重要探索。要对高中物理拓展型作业的概念进行清晰的界定，对内容进行合理的设计，都离不开对作业相关理论的梳理。

一、作业理论概述

（一）作业的定义

《实用教育大词典》中，作业的定义是“为完成学习任务由学生独立从事的学习活动，包括课内、课外两种，是课堂学习的继续，常用来巩固、消化、理解或迁移课上已学过的知识；是课堂教学工作的延续，是教学工作的重要组成部分”①。

《中国教育百科全书》中，作业的定义是“学生为完成学习的既定任务而进行的活动，分为课内作业与课外作业两种；课外作业是课内作业的继续，是教学工作的有机组成部分；学生作业的目的在于巩固与消化所学知识，并使知识转化为技能技巧”②。

以上定义基本是脱胎于苏联教育学者凯洛夫的作业观：“教学工作的有机组成部分，从根本上具有以独立作业的方法来巩固学生的知识，并使学生的技能和技巧完善化的使命。”③ 凯洛夫的作业观强调作业对教学的辅助功能、对掌握知识与技能的帮助，是教学在校外的第三课堂。传统的作业以纸笔作业为主，21 世纪初素质教育改革开展以来，出现了不同于传统作业的创新型作业，包括课外探究性作业、实践性作业、调查性作业、开放性作业、个性化作业等。本书的主题——拓展型作业，也是不同于传

---

① 王焕勋. 实用教育大词典 [Z]. 北京：北京师范大学出版社，1995：697.

② 张念宏. 中国教育百科全书 [M]. 北京：海洋出版社，1991：158.

③ 凯洛夫. 教育学：上 [M]. 沈颖，等译. 北京：人民教育出版社，1951：151.

统作业的一类创新型作业。

（二）作业设计的理论基础

1. 最近发展区理论

最近发展区理论由苏联著名心理学家列夫·维果茨基提出。这一理论在教育学、心理学以及认知科学等多个领域有着广泛的应用和深远的影响。

“最近发展区理论”最早于20世纪30年代由维果茨基提出，他在《思维与语言》一书中详细阐述了这一概念。维果茨基认为，学习是一个社会互动的过程，知识和技能是在与他人互动中习得的。最近发展区是指一个个体在有指导或帮助的情况下能够达到的最高发展水平，这一水平超出了个体独立活动时所能达到的水平。维果茨基将个体的能力分为三个层次：一是现有的发展水平，即个体在没有外界帮助下能够独立完成的任务；二是潜在的发展水平，即在有指导或协助的情况下能够完成的任务；三是最近发展区，即介于这两者之间的区域，通过在这一区域内进行有效的指导和支持，可以最大限度地发掘个体的潜力。

最近发展区理论在教育教学中的应用广泛，在作业设计中有如下三个方面的应用。

第一，设计个性化作业。在实际教学过程中，教师可以通过与学生的互动、观察和评估，了解每个学生的最近发展区，从而有针对性地设计个性化的作业。这不仅能够帮助学生更好地理解和掌握课程内容，还能提高他们学习的兴趣和积极性。

第二，设计小组合作作业。维果茨基强调，社会互动在学习过程中起到了重要作用。因此，合作学习成为践行最近发展区理论的有效途径。因此，教师了解学生群体的共同的最近发展区，设计小组合作学习作业，通过小组讨论、团队项目等方式，学生能够在与他人互动中学习、分享知识和经验，从而在最近发展区内实现共同进步。

第三，设计动态变化的作业。对学生学习传统的评估方式往往只关注学生的现有水平，而忽略了他们的潜力。最近发展区理论为动态评估提供了理论依据。教师可以通过连续的观察和反馈，动态地了解学生的发展情况，不断调整教学策略，设计与学生不断变化的最近发展区相匹配的动态变化的作业，以促进学生在最近发展区内的持续发展。

尽管最近发展区理论在教育学和心理学领域取得了显著成就，但也面临一些挑战和质疑：首先，如何准确界定和测量最近发展区是一个难题。虽然维果茨基提供了一些操作性定义，但在实际应用中，这一过程仍具有相当的复杂性。其次，教师在实施这一理论时，需要具备较高的专业素养和敏锐的观察能力。教师不仅要了解每个学生的现有发展水平，还要预测其潜在发展水平，并提供适当的指导与支持。这对教师的能力提出了很高的要求。最后，文化差异对最近发展区理论的适用性也提出了挑战。在不同文化背景下，学生的学习风格、交互方式可能有所不同，这要求教师在应用这一理论时，必须考虑到文化因素，以便更有效地发挥其作用。

2. 建构主义学习理论

建构主义学习理论自20世纪以来逐渐发展成熟，成为现代教育中不可或缺的一部分。以皮亚杰和列夫·维果茨基为代表的建构主义者认为，学习是一个主动的、自我构建的过程，学习者通过与环境的互动，不断地建构自己的知识体系。

建构主义学习理论有以下三个核心观点。

（1）主动建构：学习者不是被动地接收信息，而是主动参与知识建构过程。皮亚杰认为，学习过程是通过“同化”与“顺应”两种机制来进行的，即学生将新知识纳入已有的认知结构（同化）和调整已有的认知结构以适应新知识（顺应）。

（2）社会互动：维果茨基强调学习是一个社会化的过程，学生通过与同伴、教师的互动，尤其是在最近发展区内的互动，可以最大限度地促进其认知发展。

（3）情境认知：知识并不是孤立存在的，而是嵌入在具体的情境中。因此，学习内容应与真实情境相结合，让学生在解决实际问题的过程中掌握知识。

基于建构主义学习理论，作业设计应该遵循以下三个原则。

（1）意义建构：作业内容应贴近学生的生活经验和兴趣，确保学生能通过作业在已有知识基础上建构新的理解。

（2）合作学习：设计能够促进学生合作的作业，使学生在相互交流、讨论和合作中共同解决问题，促进知识的共同建构。

（3）任务驱动：作业设计应以具体任务为导向，鼓励学生通过探索、操作和解决实际问题来实现学习目标。

基于建构主义学习理论的作业设计通常有以下三类。

（1）项目式作业：通过设计多学科综合的项目任务，学生需要从不同学科获取知识和技能，并将其应用于现实问题的解决。这种作业形式注重知识的综合应用和学生的独立思考，能够有效促进知识的意义建构。

（2）小组讨论作业：在作业中安排一些开放性问题，鼓励学生进行小组讨论。这不仅能激发学生的创造力和思辨能力，还能培养合作精神和团队意识。

（3）情境模拟作业：将学习内容设计成模拟现实情境的任务，让学生在逼真的情境中进行操作和决策。例如，历史课上可以设计角色扮演任务，让学生扮演历史人物进行辩论。

3. 认知负荷理论

认知负荷理论是由澳大利亚认知心理学家约翰·斯威勒在20世纪80年代提出的教育与心理学理论，旨在解释人类在学习与问题解决过程中所承受的认知压力。该理论在现代教育设计中扮演着重要角色。基于认知负荷理论进行有效的作业设计，可以提升和促进学生的学习效率和认知发展。

认知负荷理论认为，人的认知系统有一个有限的处理容量，即工作记忆。工作记忆能够同时处理的信息量是有限的，因此在设计教育内容时，应该尽量减少不必要的认知负荷，以优化学习效果。根据认知负荷理论，认知负荷可分为三种：内在认知负荷、外在认知负荷和相关认知负荷。

内在认知负荷是由任务本身的复杂性决定的，不容易被外部因素改变。外在认知负荷则与任务的表现方式有关，是可以通过教学设计进行优化的。而相关认知负荷则指那些有助于学习过程的认知，比如理解与记忆技巧。

在作业设计中，合理管理三种认知负荷是实现有效设计的关键之一。特别是要在减少外在认知负荷的同时增加相关认知负荷，以便学生能够高效地完成学习任务和真正掌握所学知识。

在作业设计中，减少外在认知负荷的做法主要有以下三种。

（1）清晰明了的任务说明：提供简单、明确的任务指引，避免学生在理解任务要求上花费过多时间。

（2）简洁的作业内容：避免复杂不必要的信息，让学生集中精力完成核心任务。

（3）分步指导：将复杂任务分解为若干简单步骤，使学生可以循序渐进地完成任务。

增加相关认知负荷的常用做法有以下两种。

（1）激发学生的思维：设计作业时，可以增加一些需要分析、思考和解决问题的任务，从而激发学生的高阶思维能力。

（2）强化联结与类比：利用先前知识建立新的认知框架，通过类比和联结的方法，帮助学生更好地理解新知识。

（三）高中作业设计的原则

1. 目标性原则

目标性原则是指作业设计必须以明确的教育目标为导向，确保学习活动的指向性和有效性。教育目标的明确不仅有助于教师设计出有针对性的作业，还能引导学生有目的地进行学习，从而提高学习效率。

明确的教育目标能够帮助教师优化作业内容和形式，还可以帮助教师评估学生的学习效果，通过作业反馈了解学生的掌握情况，从而调整教学策略。

对学生而言，明确的学习目标能够增强其学习动机和自信心。目标指引下的作业设计能够帮助学生理解学习的重点和难点，从而制订合理的学习计划，以更加专注和积极的态度进行学习。研究表明，明确学习目标的学生更容易保持持久的学习兴趣，并在面对困难时表现出更强的抗压能力。

为了在作业设计中实现目标性原则，教师可以从以下三个方面入手。

（1）在设计作业之前明确学习目标。这一过程包括对课标、教材、班级实际情况等进行分析，并确定具体的知识点、技能和学科素养目标。在此基础上，教师可以设计与目标相适应的作业内容和形式，以确保作业能够有效支撑教育目标的实现。

（2）注重作业的多样性和策略性。不同类型的作业可以从多个维度帮助学生达成学习目标。例如，实验操作题可以培养学生的动手能力，项目式作业则有助于培养学生的创新和团队合作能力。

（3）在作业反馈环节中关注目标达成情况。通过对学生作业的分析和评价，教师可以了解学生在特定目标上的掌握情况，并及时调整教学策略和作业设计。例如，如果发现多数学生在某个知识点上存在困难，教师可以设计补充练习或通过个别辅导进行针对性帮助。

作业设计的目标性原则不仅是提高学生学习效果的重要保障，也是提升教师教学水平的关键路径。通过明确教育目标，优化作业内容和形式，注重作业的多样性和反馈，教师可以有效实现作业设计的目标性原则，从而使得学生的学习效果更加明显。

2．适应性原则

在学生的个体差异明显的情况下，作业设计应考虑到不同学生的个体差异，难度和内容应具有适应性。教师可以通过分层次布置作业或提供选择性任务的方式，满足不同能力、不同兴趣学生的需求。适应性作业设计不仅可以提高学生的学习兴趣和参与度，还能够有效提升他们的学习效果与成就感。

适应性原则要求作业设计要注意以下三点。

（1）注意作业的差异化。每个学生都有自己独特的学习方式、兴趣和背景知识。在设计作业时，教师应考虑这些个体差异。例如，有些学生可能对理论学习更加适应，而另一些学生则可能更倾向于动手操作。通过提供多样化的作业形式，如阅读写作、探究实验或小组问题讨论等，教师可以满足不同学生的学习需求。

（2）适当的难度设置。适当的难度设置也是作业设计适应性原则的关键。心理学研究表明，学生在完成具有挑战性但不过分困难的任务时表现最好。如果作业过于简单，学生可能会感到无聊，缺乏动力；而如果作业过于困难，则可能导致挫败感，影响学生学习的积极性。因此，教师在设计作业时，应根据学生的能力水平设置适当的难度，使每个学生都能在适应其水平的基础上获得进步。

（3）注意作业的反馈与调整。及时反馈和动态调整作业也是实现适应性设计的有效途径。及时、具体的反馈能够极大地促进学生的学习。教师应在学生完成作业后，迅速给予反馈，并根据学生的表现进行作业的调整。例如，如果发现一部分学生在某一类型的题目上普遍遇到困难，教师可以在下一次作业布置时增加类似题目的指导，并提供更多的练习机会。

适应性的作业设计对于增强学生的学习效果具有重要意义。通过个性化的作业设计、适当的难度设置、及时的反馈与调整，可以更好地满足不同学生的学习需求。

3．及时反馈原则

及时反馈是学生学习过程中极为重要的一环。教师应对学生的作业进行及时批改和反馈，使学生知道自己的优点和不足，从而进一步改进。这不仅可以巩固课堂教学内容，还能培养学生的自主学习能力。

学生在完成作业后，能够在短时间内得到具体和明确的反馈，这有助于他们及时认识到自己的错误并加以改正，而不是将错误的认知固化，这样做还能加深他们对知识点的理解，从而增强学习效果。及时反馈也是驱动学习的动机的重要途径。学生在得到积极的及时反馈后，会感受到学习的成就感，从而激发他们的学习兴趣和动机。正面的反馈能够鼓励学生继续努力，而建设性的批评则能引导学生改进学习方法。

及时反馈原则的常用实施策略有以下三点。

（1）善用信息技术。随着科技的发展，越来越多的信息技术手段和工具可以提供即时的作业反馈。这些工具不仅能够准确地批改作业，还能根据学生的答题情况提供详细的解答和学习建议。

（2）用好小组讨论与同伴反馈。通过小组讨论或同班同学的互相阅读和评价，学生能够较快地得到反馈。这种方式不仅能够加快反馈的速度，还能增强学生之间的交流与合作。

（3）教师的个性化反馈。教师应根据每个学生的具体情况提供个性化的反馈。对于存在共性问题的内容，教师可以通过课堂讲解统一进行反馈；而对于个别问题，教师则可以通过面谈或书面的形式进行详细讲解。

4．激励性原则

作业设计应具有一定的挑战性和激励性，激发学生的探索欲和求知欲。适当的难度和新颖的形式能够增强学生的学习动力和兴趣。

根据激励性原则，在作业设计中要注意以下三点。

（1）难度要适当。适当的难度是激发学生学习动机的重要因素。作业难度过低，会使学生感到无趣；反之，难度过高则可能使学生感到挫败和无从下手。适当的难度可以使学生体验到“小成就”的快感，进而增强他们的自信心和学习动机。在具体的操作上，教师可以通过分层设计作业，使不同层次的学生都能找到适合自己的挑战。例如，可以在同一作业中设置基础、中等和拔高三个难度层次的题目，从而满足不同学生的学习需要。

（2）形式要新颖。创新的作业形式能够极大地提高学生的参与度和学习的兴趣。传统的书面作业形式可能会让学生感到单调和乏味，而新颖的作业形式如项目制作、实验操作、多媒体展示等，可以使学生在完成作业的过程中体验到乐趣，进而增强他们的学习效果。

（3）内外激励相结合。除了作业本身具备的挑战性和新颖性，适当的激励措施也是提高学生学习动机的重要手段。外部激励如奖品、表扬和评分等，可以在短期内激发学生的参与热情。而内在激励则通过满足学生的成就感和自主性需求，维持长期的学习动力。内外激励相结合，对学生的激励作用最持久且有效。

具体地说，教师可以在学期末通过展示优秀作业、举办作业成果展和颁发奖状等方式，给予学生正面的激励。同时，可以通过设置长期目标和阶段性目标，使学生在完成小目标的过程中，逐步积累成就感和自信心。

（四）高中作业的管理与评价

1．作业管理

作业管理涵盖了作业布置、收集和批改等多个环节。高效的作业管理不仅能够提升教师的工作效率，还能有效增强学生的学习效果。为了实现这一目标，需要从整体流程入手，优化各个环节。

在作业布置环节，应明确课程目标，并根据学生的实际情况设计合理的作业内容，使之既能与课堂教学紧密结合，又具有一定的挑战性，能够促进学生思维的发展。在布置作业时，教师应尽量避免过量的作业，以免学生产生厌学情绪。合理的作业量不仅有助于学生利用充足的时间进行深度学习，还能减轻教师的批改负担。

作业的及时和有效收集是实现高效管理的重要一环。如果条件允许的话，可以应用现代信息技术，如电子作业平台和在线交流工具，它们极大地增强了作业收集的及时性和便捷性。这些工具不仅可以记录每位学生的作业完成情况，还能提供分析数据，帮助教师更好地了解学生的学习状态，从而进行有针对性的教学调整。

批改作业是作业管理中的核心环节，它直接影响到学生的学习进程和效果。高效批改不仅要求教师能够迅速评估大量的作业，还需要提供有建设性的反馈，指导学生在下一步学习中改进。为了提高批改效率，教师可以采用分层批改的方法，对基础性问题进行快速批改，而对于较复杂的内容则进行详细评述。如果条件允许，可以利用信息技术手段，自动批改系统处理部分客观题，从而将时间更多地投入到主观性较强的作业上。

此外，教师可以尝试鼓励学生参与到作业的日常管理中来，如让学生进行互帮互改或自我评价。这不仅能够培养学生的自我管理能力，还可以激发学生的学习兴趣和创造力。

2. 作业评价

作业评价是教学反馈的重要手段，既要考量学生完成作业的质量，又要关注过程中的努力和进步。一个科学、全面的作业评价体系对于促进学生有效学习具有重要意义。评价方式应多元化，包括自评、互评和教师评价，全面反映学生的学习情况。下面从评价的多维度性、评价方法的选择以及评价反馈的有效性三个方面阐述促进学生有效学习的作业评价方法。

（1）作业评价的多维度性。在评价学生作业时，不应仅仅关注结果的正确性，更应关注学生在完成作业过程中的思维方式、解决问题的方法以及由此展现出的学习策略。作业评价需要对学生掌握知识的深度与广度进行考量。例如，在物理作业中，不仅要评估学生是否得出了正确答案，还要分析其解题思路与方法，以判断其对知识点的掌握程度，解题表达的逻辑性与规范性。同时，还要关注学生在作业中的创新性和独特观点，鼓励他们在完成作业时展现创造力。

（2）评价方法的选择。选择合适的评价方法是确保作业评价有效性的关键。第一，采用多样化评价。多样化的评价手段能够更全面地反映学生的学习情况。一般来说，可以采用自评与教师评相结合的方式，如果时间允许的话，也可以辅助学生互评。自评能够帮助学生反思自己的学习过程，提高自我认识能力；教师评是对学生作业的综合评估，能够在更正确规范的角度上给予指导和意见，互评则提供了一个交流彼此见解的平台，有助于拓宽学生的视野。第二，采用形成性评价。通过定期对学生的作业进行形成性评价，可以及时发现他们在学习中存在的问题，给予及时的反馈和改进建议，从而有效调整教学策略，促使学生不断进步。例如，每一章结束后进行一次章末测评，以了解学生的学习情况。

（3）评价反馈的有效性。有效的评价反馈是作业评价体系中的关键环节。反馈不仅仅是一个结论性的评价，更应是一种引导和激励。首先，教师在反馈中应当注重细节，具体指出作业中的优点和不足，并给出有针对性的建议。例如，在批改物理计算题时，首先，教师可以详细标注哪里缺少文字说明，哪些方程的表达不规范，并建议学生如何改进。其次，反馈应注重激励性，表扬学生的努力和进步，给予他们继续努力的动力和信心。当学生在作业中表现出较大进步时，教师应给予积极肯定，并引导他们认识到努力的重要性，不断激发他们学习的内驱力。

促进有效学习的作业评价应当是一个多维度、全方位的过程。教师需要关注学生作业的质量、解题思路、规范表达，采用多样化的评价手段，并提供有效的反馈，从而有效地促进学生的学习，提升教学效果。一个科学的作业评价体系不仅能够反映学生当前的学习状况，更能够激励他们持续努力，不断提升自我，从而实现教学目标的最大化。

二、高中物理拓展型作业的定义

从不同角度可以将作业分为不同类型。从作业的内容来看，作业分为常规习题类作业与拓展型作业。高中物理拓展型作业，是指服务于物理新课教学与课后知识巩固，取材于与新课学习内容相关的物理问题，形式不同于常规习题的一种作业。拓展型作业中的拓展有以下六个方面含义：一是内容不同于读、写、算等常规习题，是物理知识在实际生活中的应用或对某个物理问题的自主研究。二是形式多样，包括但不限于探究实验、科技小制作、观察、调查、参观学习、主题演讲或图文写作、自主编题等，也包括解决某问题的综合实践活动。三是完成作业的对象不一定是个人，有的作业需要学生单独完成，有的需要小组合作完成，有的需要先组内分工、再小组合作完成。四是作业的成果表现形式可以为实验报告、小制作作品、观察报告、调查报告、小论文、现场演讲（或视频、图文）、参观学习心得体会等。① 五是评价方式包括自评、同学互评、教师评价或多种评价方式相结合，可以将优秀的作业在教室内或者班级网络平台上进行展示评价。六是完成拓展型作业的时间和空间，前者包括新授课课前和新授课课后，也可以在期末复习阶段开展布置拓展型作业。完成拓展型作业的空间，可以是学校的教室、实验室，也可以是室外，还可以是家庭、社会等。

在作业的诸多分类中，与拓展型作业最相似的是开放型作业。开放型作业的主要特点在于作业内容不拘泥于教材，形式多样，作业时间灵活，可以个体完成也可以集体完成，学生还可以按自己喜欢的方式完成作业。不同之处在于，开放型作业设计的

---

① 谭国武．高中物理拓展型作业设计的实践探索［J］．中小学教材教学，2019（1）：69－72．

自由度大，突出学生的个性化，学生可以选择喜欢的形式完成作业，对完成作业的质量检查与效果评价相对难以落到实处；而拓展型作业的自由度低于开放型作业，虽然也体现个性化，但在作业内容与要求方面，以及作业成果形式上仍然有明确的要求。开放型作业包含但不限于传统的读、写、算等常规习题，拓展型作业的内容完全不包括读、写、算的常规习题，是物理理论知识的拓展，主要由与物理知识有关的生活应用、科学探究、典型问题自主研究等方面组成。

拓展型作业与实践性作业、项目式学习、跨学科学习等既有区别又有联系，具体如表 1－1 所示。

表 1－1

比较项	拓展型作业	实践性作业	项目式学习	跨学科学习
区别	非纸笔作业，常规教学中纸笔作业的补充	来源于生产生活	指向真实问题解决的学习	跨学科的主题学习
联系	开放性、生成性、应用性、创新性			

三、高中物理拓展型作业的内容举例

物理拓展型作业的内容是在课程标准规定的内容基础上进行拓展而来的。以必修 1 模块的“1.1 机械运动与物理模型”为例，课程标准描述如下：①

1.1　机械运动与物理模型

【内容要求】

1.1.1　了解近代实验科学产生的背景，认识实验对物理学发展的推动作用。

例 1　了解伽利略的实验研究工作，认识伽利略有关实验的科学思想和方法。

1.1.2　经历质点模型的建构过程，了解质点的含义。知道将物体抽象为质点的条件，能将特定实际情境中的物体抽象成质点。体会建构物理模型的思维方式，认识物理模型在探索自然规律中的作用。

例 2　通过质点模型、太阳系行星模型等实例，体会物理模型在物理学研究中的意义。

1.1.3　理解位移、速度和加速度。通过实验，探究匀变速直线运动的特点，能用公式、图像等方法描述匀变速直线运动，理解匀变速直线运动的规律，能运用其解决实际问题，体会科学思维中的抽象方法和物理问题研究中的极限方法。

① 中华人民共和国教育部．普通高中物理课程标准（2017 年版 2020 年修订）［S］．2 版．北京：人民教育出版社，2020：11－12．

例 3　结合瞬时速度概念的建构，体会研究物理问题的极限方法。

例 4　结合加速度概念的建构，体会物理学中的抽象思维。

例 5　用打点计时器、频闪照相机或其他实验工具研究匀变速直线运动的规律。

1.1.4　通过实验，认识自由落体运动规律。结合物理学史的相关内容，认识物理实验与科学推理在物理学研究中的作用。

例 6　查阅资料，了解亚里士多德关于力与运动的主要观点和研究方法。

例 7　查阅资料，了解伽利略研究落体运动的实验和推理方法。

【活动建议】

（1）观察质量相同、大小和形状不同的物体在空气中下落的现象，了解空气阻力对落体运动的影响。

（2）查阅资料，了解并讨论伽利略关于物体运动的实验研究对科学发展和人类进步的重大意义。

对于其中第一条："了解近代实验科学产生的背景，认识实验对物理学发展的推动作用。"不同版本的教材上都有对伽利略的实验研究做简单的介绍，比如伽利略对匀变速运动的研究，对自由落体运动的研究。但学生要对近代实验科学产生的背景有更充分的了解，只是知道伽利略一个人的情况是不够的，同时代还有其他人如笛卡尔等人对运动的研究，与笛卡尔基于哲学思考提出的观点进行对比，更能体现伽利略实验研究的价值。因此，了解早期人们对力和运动相关问题的研究，尤其是伽利略的研究，可以作为拓展型作业的内容。

对于第三条："理解位移、速度和加速度。"高中物理中的机械运动，主要研究变速运动。加速度概念的建立，离不开对变速运动的观察，因此观察生活中的变速运动，可以作为拓展型作业的内容。

"理解匀变速直线运动的规律，能运用其解决实际问题。"知识的理解只有在实际应用中才更加深刻准确，解决实际问题也是学习知识的重要目的。关于实际问题，除了教材和作业中给出的物理题外，还可以让学生动手进行实验探究，完成拓展型作业，比如"实验探究物块在斜面上的下滑是否为匀变速直线运动（多种方法）"。

关于高中物理拓展型作业，要避免以下两个误区。

（1）高中物理拓展型作业关于内容的拓展，是与新课教学内容相关的物理问题，遵循课程标准的内容要求，不是学习课标内容要求之外的新知识，也不是提前学习大学的知识。例如学习圆周运动，需掌握向心加速度的概念，并不需要学习角加速度。

（2）高中物理拓展型作业的拓展，并不是在学习难度上进行拓展。学习难度最好不要太大，要在学生已有的能力范围内。为了拓展型作业能顺利完成，学习难度稍微小一点甚至更好。

第3节
实施高中物理拓展型作业的依据

为什么要实施高中物理拓展型作业呢？在新一轮课程改革中，总的教育教学目标为立德树人，培养学生的核心素养。就学科教育教学来说，就是培养学生的学科核心素养。实施高中物理拓展型作业，正是适应新时代培养学生核心素养要求的积极尝试，也是顺应中国高考评价体系考查要求的重要体现。

一、实施高中物理拓展型作业是培养学科核心素养的需要

《普通高中物理课程标准（2017年版2020年修订）》指出："学科核心素养是学科育人价值的集中体现，是学生通过学科学习而逐步形成的正确价值观、必备品格和关键能力。物理学科核心素养主要包括'物理观念''科学思维''科学探究''科学态度与责任'四个方面。"①

高中物理的课程目标指出，高中物理课程应在义务教育的基础上，进一步促进学生物理学科核心素养的养成和发展。通过高中物理课程的学习，学生应在核心素养培养方面达成一定水平层次的目标。

（一）物理拓展型作业与物理观念的形成

"物理观念"是从物理学视角形成的关于物质、运动与相互作用、能量等的基本认识；是物理概念和规律等在头脑中的提炼与升华；是从物理学视角解释自然现象和解决实际问题的基础。"物理观念"主要包括物质观念、运动与相互作用观念、能量观念等要素。

物理观念的形成，要从生活经验开始，经过观察、比较、归纳、概括、推理论证、

---

① 中华人民共和国教育部．普通高中物理课程标准（2017年版2020年修订）［S］．2版．北京：人民教育出版社，2020：4.

分析、综合等思维过程，获得物理知识，并将物理知识应用于实际问题解决，经历这些知识获取与知识应用的过程，才能逐渐形成物理观念。物理观念并不是一次性的，而是随着知识的更新和应用场景的变化逐渐发展，使得人头脑中的物理观念更加丰富、深刻。

课程标准中的课程目标提出，经过高中物理的学习，学生应形成物质观念、运动与相互作用观念、能量观念等，能用其解释自然现象和解决实际问题。在物理概念教学的新课前布置的观察类拓展型作业，是学生头脑中建构物理概念的感性材料，是物理概念认知图式的表象素材，也是形成物理观念的基础材料。新课后布置的探究类、验证类、制作类、自主编题、综合实践类等拓展型作业，要求学生应用物理知识解决实际问题，关注物理知识应用的场景，为物理观念的形成提供了必要且丰富多样的环境。

（二）物理拓展型作业与科学思维的培养

思维是借助语言、表象或动作实现的，对客观事物的概括和间接的认识，是认知的高级形式。它能揭示事物的本质特征和内部联系，并主要表现在概念形成和问题解决的活动中。① 科学思维不同于强调主观感受和艺术创造的文学的、艺术的思维，是以实践为基础的以逻辑为准则的思维，是科学研究中最常用的思维。物理学科中“科学思维”是从物理学视角对客观事物的本质属性、内在规律及相互关系的认识方式；是基于经验事实建构物理模型的抽象概括过程；是分析综合、推理论证等方法在科学领域的具体运用；是基于事实证据和科学推理对不同观点和结论提出怀疑和批判，进行检验和修正，进而提出创造性见解的能力与品格。“科学思维”主要包括模型建构、科学推理、科学论证、质疑创新等要素。

课程标准中的课程目标提出，经过高中物理的学习，在科学思维方面，学生应具有建构模型的意识和能力；能运用科学思维方法，从定性和定量两个方面对相关问题进行科学推理、找出规律、形成结论；具有使用科学证据的意识和评估科学证据的能力，能运用证据对研究的问题进行描述、解释和预测；具有批判性思维的意识，能基于证据大胆质疑，从不同角度思考问题，追求科技创新。

物理拓展型作业包含大量的生活实践中的问题，包括观察物理现象与问题解决，提供了常规纸笔作业不能具备的生活实践情境，为发展学生的科学思维能力提供了真实的材料与真实的问题，是培养学生科学思维素养不可缺少的重要途径。拓展型作业中的观察类作业，为培养学生的模型建构能力提供真实任务。制作类作业、实验类作业以及以问题解决为核心的综合实践类作业，为培养学生的科学推理、科学论证与质疑创新能力提供了真实的实践机会。

---

① 彭聃龄. 普通心理学 [M]. 北京：北京师范大学出版社，2001：242.

（三）物理拓展型作业与科学探究能力的培养

“科学探究”是指基于观察和实验提出物理问题、形成猜想和假设、设计实验与制定方案、获取和处理信息、基于证据得出结论并作出解释，以及对科学探究过程和结果进行交流、评估、反思的能力。“科学探究”主要包括问题、证据、解释、交流等要素。课程标准中的课程目标提出，经过高中物理的学习，学生应具有科学探究意识，能在观察和实验中发现问题，并能提出合理猜想与假设；具有设计探究方案和获取证据的能力，能正确实施探究方案，使用不同方法和手段分析、处理信息，描述并解释探究结果和变化趋势；具有交流的意愿与能力，能准确表述、评估和反思探究过程与结果。

在培养学生科学探究能力方面，常规纸笔作业只能提供简化与理想化的科学探究问题，就物理学科而言，通常以实验题的形式出现。这种以纸笔作业形式出现的实验题，在问题、证据、解释三个要素方面能够有部分的体现，但就培养学生真实的科学探究能力而言，仍然停留在“纸上谈兵”的层面。通过简化与理想化条件的纸笔作业训练出来的学生，面对真实生活情境中的问题，会具有较大的局限性。

物理拓展型作业中的探究实验类作业，设置真实的探究问题，培养了学生能够实际应用的实验探究能力，包括在实验过程中提出问题、提出猜想、基于证据进行解释与质疑，合作与讨论交流的能力。因此，合理布置拓展型作业是培养学生合格的科学探究能力不可缺少的途径。

（四）物理拓展型作业中科学态度与责任的培养

“科学态度与责任”是指在认识科学本质，认识科学、技术、社会、环境关系的基础上，逐渐形成的探索自然的内在动力，严谨认真、实事求是和持之以恒的科学态度，以及遵守道德规范，保护环境并推动可持续发展的责任感。“科学态度与责任”主要包括科学本质、科学态度、社会责任等要素。

课程标准中的课程目标提出，经过高中物理的学习，学生应能正确认识科学的本质；具有学习和研究物理的好奇心与求知欲，能主动与他人合作，尊重他人，能基于证据和逻辑发表自己的见解，实事求是，不迷信权威；关心国内外科技发展现状与趋势，了解物理研究和物理成果的应用应遵循道德规范，认识科学、技术、社会、环境的关系，具有保护环境、节约资源、促进可持续发展的责任感。

从课程标准对“科学态度与责任”的表述可知，经过对问题情境和条件简化与理想化的物理纸笔作业，在使学生认识科学本质、形成科学态度与社会责任方面，具有较大的局限性。因此，在物理教学中只布置纸笔作业，在培养学生科学态度与责任方面是远远不够的。

物理拓展型作业中的各种需要亲自体验观察、动手操作以及进行调查、参观学习的作业，提供了认识科学、技术、社会、环境关系，形成严谨认真、实事求是科学态度的实践机会。这种脱离了枯燥的纸笔作业形式的拓展型作业，更容易激发学生学习和研究物理的好奇心与求知欲。因此，物理拓展型作业在使学生认识科学本质、形成科学态度与社会责任方面，比纸笔作业具有更好的效果。

二、实施高中物理拓展型作业与物理学习的认知过程一致

物理学习的过程，从问题开始。问题不仅仅是在课堂上由教师提出，更常见的是由学生在学习过程中提出，在实际的实验操作与实践活动中提出，在观察生活中提出。高中物理拓展型作业创设大量的学习探索情境与生活实践情境，提供了大量动手操作的机会。这些拓展型作业完成的场景，都是学以致用、发现问题与提出问题的最真实的场景，为学生的物理学习提供非常合适的学习契机。

学生通过对问题的思考以及与环境的互动，建构物理概念，学习物理原理，探索物理规律。高中物理拓展型作业中的小制作、实验探究、自主编题与说题等活动，提供了大量学习者与环境互动的机会和学生理解物理知识、探索物理规律的重要场景。通过完成高中物理拓展型作业，学生可以建构自己对知识的生动理解，形成丰富的认知图式。

三、实施高中物理拓展型作业与物理学科特点一致

高中物理具有实证性的特点。物理学的知识建立在对物质世界现象的观察和实验探究的基础上。因此，高中物理的学习不能局限于纸笔作业的形式。在目前学校高中物理教学任务压力下，物理课堂的时间与空间条件给学生提供的观察与实验探究的机会也较为局限。高中物理拓展型作业的实践性与应用性特征，正好弥补了课堂学习在观察与实验上的不足。

高中物理具有应用性的特点。物理不仅是理论的学习，更强调知识的实际应用。物理知识要在应用中才能得到巩固与深化。高中物理拓展型作业提供了大量的学以致用的机会。通过完成各种拓展型作业，如实验操作、模拟实验、动手制作、高中物理综合实践活动等，能够将抽象的物理概念与现实世界相结合，从而加深对物理定律和原理的理解。例如，设计一个着陆缓冲装置进行“鸡蛋撞地球”比赛、制作“反应量尺”……学生可以实践物理知识，解决实际问题，这种亲身经历使得理论知识得以检验并得到加强。

四、实施高中物理拓展型作业与课程标准的要求一致

（一）高中物理拓展型作业与课程标准的课程理念一致

物理是一门研究自然界基本规律和物质运动的科学，是理工科学习的基础。高中

物理新课标在课程性质的阐述中指出，高中物理课程要帮助学生从物理学的视角认识自然、理解自然，建构关于自然界的物理图景；引导学生经历科学探究过程，体会科学研究方法，养成科学思维习惯，增强创新意识和实践能力。《普通高中物理课程标准（2017 年版 2020 年修订）》中的基本理念指出，要注重课程的时代性，关注科技进步和社会发展需求；要引导学生自主学习，提倡教学方式多样化。要通过创设学生积极参与、乐于探究、善于实验、勤于思考的学习情境，培养和发展学生的自主学习能力。通过多样化的教学方式，利用现代信息技术，引导学生理解物理学的本质，从整体认识自然界，形成科学思维习惯，增强科学探究能力和解决实际问题的能力。①

高中物理拓展型作业，为学生创设自主学习的主题与情境。拓展型作业脱离了课堂与教师的主导，学习的自主权完全在学生手里，使学习具有更大的灵活性，在时间、空间与学习进度方面均可以由学生自主把控，能够充分培养学生学习的自主性和独立思考能力。

物理拓展型作业为学生提供多样化的学习任务，可以加深对物理知识的理解，促进学生物理观念的形成与科学思维的发展。课堂上，学生在教师的主导下，一般会对物理知识进行系统的学习。但是，由于时间和教学内容的限制，很难涉及更多的细节和应用。而布置物理拓展型作业，在多样化的问题与情境中，在观察和实验等实践活动中，学生检验自己对知识的理解，深入了解物理知识的原理和应用，从而更加全面地理解物理知识，促进学生物理观念的形成和科学思维的发展。

物理拓展型作业可以培养学生的实践能力。物理学科注重实践操作，而课堂上的实验由于课时的限制，无法满足学生的实践需求。通过完成拓展型作业，学生们可以亲自动手进行物理实验和科技制作，提高实践能力，培养了学生的科学探究能力以及实事求是的科学精神。

物理拓展型作业可以拓宽学生的视野。物理学科与其他学科有着紧密的联系，如数学、化学、生物等。通过参加跨学科的综合实践活动或其他学习活动，学生可以了解到物理学科在其他领域的应用，拓宽自己的学科视野。

物理拓展型作业可以培养学生的团队合作能力。在分组的拓展型作业中，通过团队合作，学生们可以相互协作，共同解决问题，培养团队精神和合作能力。

物理拓展型作业可以激发学生对物理学科的兴趣。课堂上的知识传授往往是枯燥的，而通过参加科普讲座、实践操作，进行校外相关科技公司的参观学习，学生们可以亲身感受到物理学科的魅力，体会物理学科对科技进步和社会发展的重要作用，激发对物理学科的兴趣，有助于他们树立以科技报国的远大理想。

① 中华人民共和国教育部. 普通高中物理课程标准（2017 年版 2020 年修订）［S］. 2 版. 北京：人民教育出版社，2020：2 – 3.

（二）高中物理拓展型作业与课程目标的应用性特征一致

2017 年版 2020 年修订的高中物理的课程目标具有显著的实践应用的特征。课程目标的四条表述中，第一条明确说明了学生要形成物理观念，并能在实践中应用物理观念解决问题。第二条说明了科学思维的培养目标，纸上谈兵式的思维培养，并不能形成真正有用的可以解决实际问题的能力，科学思维的培养不但需要在学习探索情境中进行，而且需要在生活实践情境中进行，让学生有解决生活实际问题的机会，才能更有效地培养学生有用的思维能力。第三条说明了培养学生科学探究的意识与能力的目标。科学探究离不开动手操作，本身就具有显著的实践应用的特征。第四条说明了科学态度与价值观目标。物理课要培养学生实事求是的科学精神，必然要求坚持实践是检验真理的唯一标准的原则，不盲从标准答案与权威解答；培养学生对生活的好奇心与探索欲，关心科技与社会发展的责任感，这些均体现了一定的实践应用的特点。

高中物理拓展型作业具有显著的应用性特征，强调实际生活对物理知识学习与巩固的重要作用，与课程目标的应用性特征不谋而合。从课程目标来看，仅仅停留在纸笔作业形式的常规作业是远远不够的，因此实施物理拓展型作业具有重要的意义。

五、实施高中物理拓展型作业与中国高考评价体系的要求一致

（一）高中物理拓展型作业与高考评价“应用性”的要求一致

《中国高考评价体系》指出，在应用性方面表现出色的学生善于观察各种现象，能够主动灵活地应用所学知识分析并解决社会生活实践中的问题，高度关注与国家经济社会发展、科学技术进步、生产生活实际等紧密相关的内容与问题，具备良好的实际问题解决能力。应用性要求以贴近时代、贴近社会、贴近生活的生活实践或学习探索问题情境为载体，将陈述性知识与程序性知识的有机整合和运用作为考查目标，设计生产生活中的实际问题，体现对即将进入高等学校的学习者迁移课堂所学内容、理论联系实际水平的测量与评价。应用性注重学以致用，不仅是对命题的要求，也是考查考生运用所学解决实际问题的能力。①

高中物理拓展型作业与应用性考查要求的一致性主要有以下三个方面的内容。

第一，高中物理拓展型作业与高考应用性考查要求都体现了学科知识与生活实践之间的迁移。学科知识是对客观世界精简的、抽象的、理论化与模型化的认识，是一般原理。生活实际问题是复杂的、具体的、感性与形象化的。要解决生活实践中的问题，需要先从生活实践问题情境中抽象出研究对象与问题（或探索任务），找到其对应的学科知识，然后从学科知识找到解决问题的方法，并将其还原为生活实践。高中物

① 教育部考试中心．中国高考评价体系［S］．北京：人民教育出版社，2019：30－31．

理拓展型作业中的观察类、制作类与实验探究、实验验证类拓展型作业，为物理知识与生活实践之间的双向迁移提供了应用情境。物理知识指导生活实践，生活实践素材反过来强化物理认知图式的建构。在高中物理拓展型作业中，这种双向的迁移可以非常活跃地进行。

第二，高中物理拓展型作业与高考应用性考查要求都体现了陈述性知识与程序性知识的整合应用。陈述性知识是关于“是什么”的知识，程序性知识是关于“怎么做”的知识。在高考考试评价中，考生通过对问题情境的信息获取、理解与整合，知道对象与问题“是什么”或“关于什么”，然后才根据其逻辑关系确定“怎么做”。在高中物理拓展型作业中，大量操作性的需要动手做的实践活动，不但需要学生掌握拓展型作业内容相关的陈述性知识，还需要学生思考“怎么做”的问题，学习掌握应用知识解决问题的程序性知识。

第三，高中物理拓展型作业与高考应用性考查要求都体现了试题情境的时代性与生活化，也就是贴近时代、贴近社会、贴近生活。高中物理拓展型作业中的学习主题有许多取材于实际生活，比如“观察与分析生活中的共点力平衡”“利用电梯中的超重与失重现象测量电梯的加速度”等。

（二）高中物理拓展型作业的应用性特点在高考物理试题中的体现

高中物理拓展型作业的应用性在高考物理试题中表现在以下三个方面。

第一，高中物理拓展型作业的生活实践情境中隐藏着物理问题。情境中包含研究对象、对象所处的环境与对象的状态或过程。考生需要从情境中透过现象看本质，抓住研究对象，建构理想模型，判断对象处于什么样的状态或过程，提取其对应的相关知识，分析问题或任务，找出要求的物理量。

第二，高中物理拓展型作业的应用性强调学以致用，是物理核心素养表现最显著的地方。在生活实践情境中，要有物理观念才能透过复杂而形象化的表面事物，准确找到研究对象，如解释打气筒打气时下端发热的问题，有相互作用观念和能量观念才能准确找到研究对象为筒内气体而不是气筒本身。

第三，高中物理拓展型作业提供的问题情境往往涉及科技应用、时代热点、生活中的现象与工具，或物理学史中的实验或探究任务。比如“主题演讲：伽利略关于自由落体运动的研究及其对科学发展的意义”“主题演讲或图文写作：我国航天事业的发展历程和当前世界航天前沿进展”“调查研究：手机中的传感器及其在实验探究中的应用”等。

【试题举例 1】

在高中物理必修 1 模块“机械运动与物理模型”主题中，有一个拓展型作业主题为“观察生活中的变速运动”。查阅近年的高考物理试题，可以发现许多有关变速运动的高考题就是来源于对生活中物体运动的观察。

1. 如图所示，桥式起重机主要由可移动“桥架”“小车”和固定“轨道”三部分组成。在某次作业中桥架沿轨道单向移动了 8 m，小车在桥架上单向移动了 6 m。该次作业中小车相对地面的位移大小为（　　）

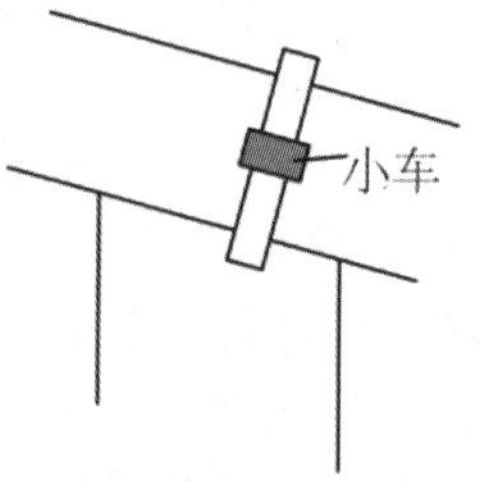

A. 6 m　　B. 8 m　　C. 10 m　　D. 14 m

试题评析：

本题来源于 2022 年辽宁高考物理真题。本题考查的知识为运动的合成，考查的能力为信息获取与理解、模型建构、运用物理知识解释生活实践问题的能力。试题体现了考查的应用性。

本题的情境是一个起重机方面的实际生活问题，要求考生理解小车的两个分运动与以地面为参考系的合运动的关系，实际上是将简单物理知识运用于生活问题，在情境方面体现了考查的应用性。

2. 赛龙舟是端午节的传统活动。下列 $v-t$ 和 $s-t$ 图像描述了五条相同的龙舟从同一起点线同时出发、沿长直河道划向同一终点线的运动全过程，其中能反映龙舟甲与其他龙舟在途中出现船头并齐的有（　　）

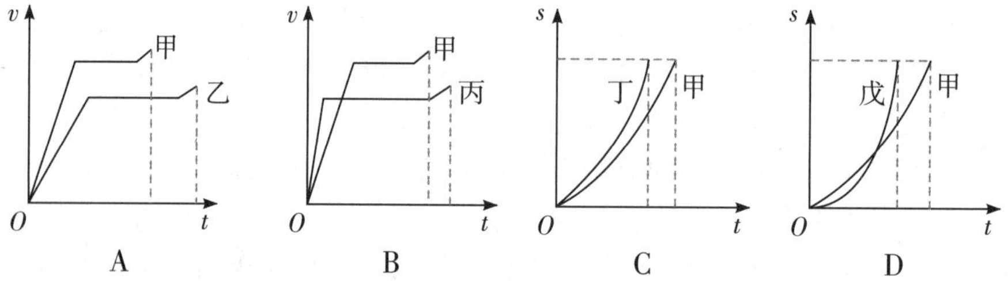

试题评析：

本题来源于 2021 年广东高考物理真题。本题考查的知识为位移—时间图像与速度—时间图像，考查的能力为信息获取与理解、模型建构、运用物理知识解释生活实践问题的能力。试题体现了考查的应用性。

本题的情境是一个传统节日的赛龙舟活动，属于实际生活问题。要求考生分析龙舟的运动信息，包括初始位置、时间、位置变化、位移等，还要理解两种图像如何表示运动的信息，实际上是将简单物理知识运用于生活问题，在情境方面体现了考查的应用性。

【试题举例 2】

在高中物理必修 1 模块“相互作用与运动定律”主题中，有一个拓展型作业主题为“观察与分析生活中的共点力平衡”。近年的物理高考中，许多考查这一考点的题目都是来源于对生活中物体受力现象的观察。

1. 如图所示，可视为质点的机器人通过磁铁吸附在船舷外壁面检测船体。壁面可视为斜面，与竖直方向夹角为 θ。船和机器人保持静止时，机器人仅受重力 G、支持力 F_N、摩擦力 F_f 和磁力 F 的作用，磁力垂直壁面。下列关系式正确的是（　　）

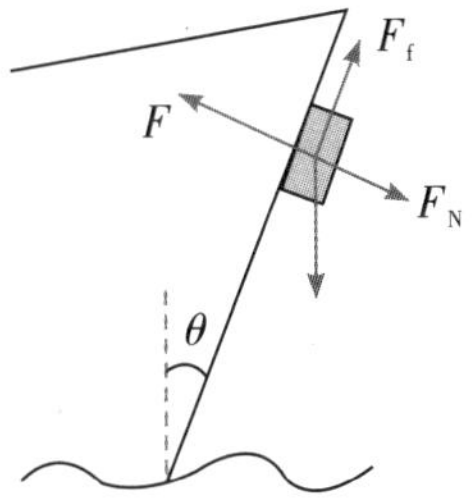

A. $F_f = G$　　B. $F = F_N$　　C. $F_f = G\cos\theta$　　D. $F = G\sin\theta$

试题评析：

本题来源于2023年广东高考物理真题。本题考查的知识为物体的受力平衡，考查的能力为信息获取与理解、模型建构、运用物理知识解释生活实践问题的能力。试题体现了考查的应用性。

本题的情境是一个船体检测的情境，属于生产中的应用问题，要求考生分析机器人的受力情况与运动状态，并根据物体平衡和力的合成与分解相关知识进行解答，实际上是将简单物理知识运用于生产生活问题，在情境方面体现了考查的应用性。

2. 下图是可用来制作豆腐的石磨。木柄 AB 静止时，连接 AB 的轻绳处于绷紧状态。O 点是三根轻绳的结点，F、F_1 和 F_2 分别表示三根绳的拉力大小，$F_1 = F_2$ 且 $\angle AOB = 60°$。下列关系式正确的是（　　）

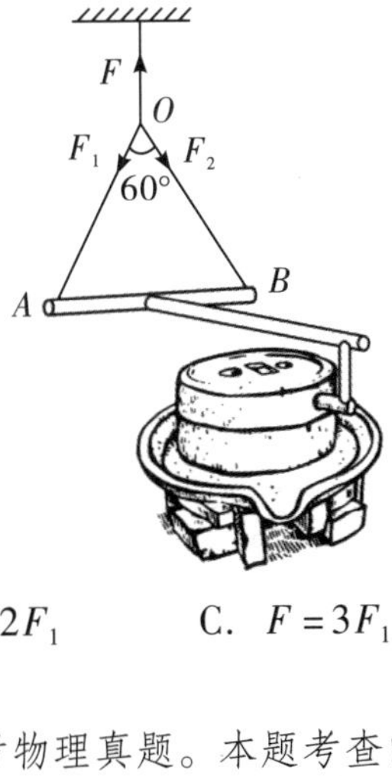

A. $F = F_1$　　B. $F = 2F_1$　　C. $F = 3F_1$　　D. $F = \sqrt{3}F_1$

试题评析：

本题来源于2022年广东高考物理真题。本题考查的知识为物体的受力分析与力的平行四边形定则，考查的能力包括：信息获取与理解、模型的建构以及运用物理知识解释生活实践问题的能力。试题体现了考查的应用性。

本题取材于一个磨坊中的手推石磨，属于生活生产中的应用问题，要求考生分析绳子节点的受力情况与状态，并根据物体平衡和力的合成与分解相关知识进行解答，实际上是将简单物理知识运用于生产生活问题，在情境方面体现了考查的应用性。

【试题举例3】

在高中物理必修2“曲线运动与万有引力定律”模块中，有一个拓展型作业主题为“观察与分析：生活中的圆周运动”。近年物理高考中许多这个考点的题就是来源于对生活中物体做圆周运动的观察。

1. 由于高度限制，车库出入口采用图所示的曲杆道闸，道闸由转动杆 OP 与横杆 PQ 链接而成，P、Q 为横杆的两个端点。在道闸抬起过程中，杆 PQ 始终保持水平。杆 OP 绕 O 点从与水平方向成30°匀速转动到60°的过程中，下列说法正确的是（　　）

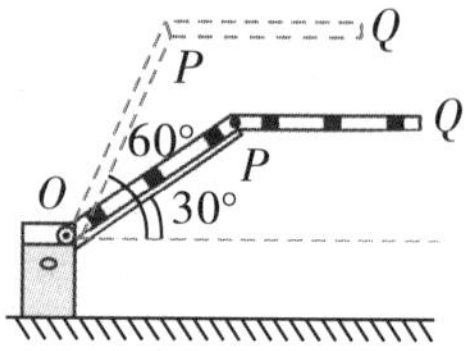

A. P 点的线速度大小不变　　B. P 点的加速度方向不变

C. Q 点在竖直方向做匀速运动　　D. Q 点在水平方向做匀速运动

试题评析：

本题来源于2021年广东高考物理真题。本题考查的知识为匀速圆周运动、运动的合成与分解，考查的能力为信息获取与理解、模型建构、运用物理知识解释生活实践问题的能力。试题体现了考查的应用性。

本题取材于车库出入口的曲杆道闸，属于生活生产中的应用问题，要求考生分析道闸横杆上某点的运动，并根据匀速圆周运动、运动的合成与分解相关知识进行解答，也是将简单物理知识运用于生活问题，在情境方面体现了考查的应用性。

2. “转碟”是传统的杂技项目，如图所示，质量为 m 的发光物体放在半径为 r 的碟子边缘，杂技演员用杆顶住碟子中心，使发光物体随碟子一起在水平面内绕 A 点做匀速圆周运动。当角速度为 ω_0 时，碟子边缘看似一个光环。求此时发光物体的速度大小 v_0 和受到的静摩擦力大小 f。

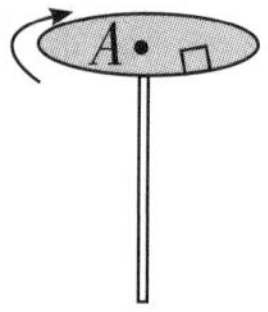

试题评析：

本题来源于2023年江苏高考物理真题。本题考查的知识为匀速圆周运动的描述与受力分析，考查的能力为信息获取与理解、模型建构、运用物理知识解释生活实践问题的能力。试题体现了考查的应用性。

本题取材于“转碟”杂技表演，属于生活中的应用问题，要求考生分析碟子边缘发光物体的运动状态与受力，并根据匀速圆周运动、牛顿第二定律等相关知识进行解答，是将简单物理知识运用于生活问题，在情境方面体现了考查的应用性。

【试题举例4】

在高中物理必修2模块“曲线运动与万有引力定律”主题中，有一个拓展型作业主题为“以平抛为主要过程的自编习题”。近年的高考物理中许多关于平抛的高考题就是来源于对平抛运动的观察与研究。

1. 下图是滑雪道的示意图。可视为质点的运动员从斜坡上的 M 点由静止自由滑下，经过水平 NP 段后飞入空中，在 Q 点落地。不计运动员经过 N 点的机械能损失，不计摩擦力和空气阻力。下列能表示该过程运动员速度大小 v 或加速度大小 a 随时间 t 变化的图像是（　　）

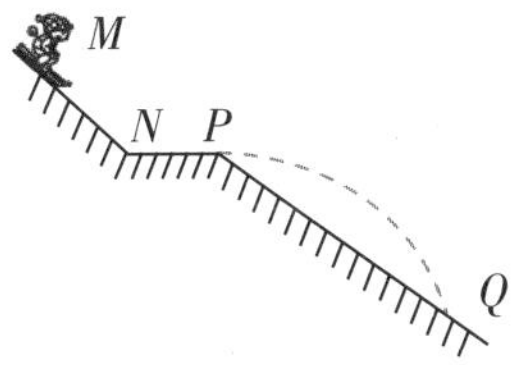

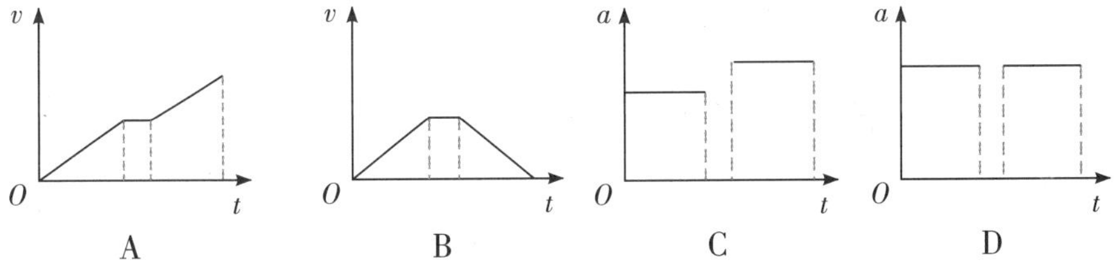

试题评析：

本题来源于2022年广东高考物理真题。本题考查的知识为平抛运动和运动图像，考查的能力为信息获取与理解、模型建构、运用物理知识解释生活实践问题的能力。试题体现了考查的应用性。

本题取材于滑雪运动，属于生活中的应用问题，要求考生分析运动员在滑雪过程中的运动状态与受力情况，并根据运动图像、牛顿第二定律等相关知识进行解答，是将简单物理知识运用于生活问题，在情境方面体现了考查的应用性。

2. 长征途中，为了突破敌方关隘，战士爬上陡峭的山头，居高临下向敌方工事内投掷手榴弹，战士在同一位置先后投出甲、乙两颗质量均为 m 的手榴弹，手榴弹从投出的位置到落地点的高度差为 h，在空中的运动可视为平抛运动，轨迹如图所示，重力加速度为 g，下列说法正确的有（　　）

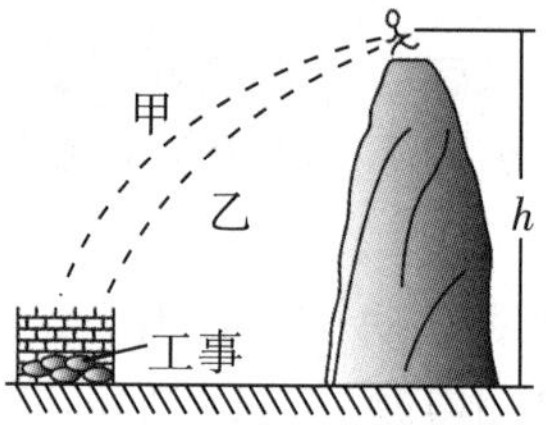

A. 甲在空中的运动时间比乙的长

B. 两手榴弹在落地前瞬间，重力的功率相等

C. 从投出到落地，每颗手榴弹的重力势能减少 mgh

D. 从投出到落地，每颗手榴弹的机械能变化量为 mgh

试题评析：

本题来源于2021年广东高考物理真题。本题考查的知识为平抛运动和功与功率、机械能，考查的能力为信息获取与理解、模型建构、运用物理知识解释实际问题的能力。试题体现了考查的应用性。

本题取材于战斗中的投掷手榴弹，属于实际生活中的应用问题，要求考生分析有不同运动轨迹的手榴弹的平抛运动，比较其异同，并根据平抛相关知识进行解答，是将简单物理知识运用于生活问题，在情境方面体现了考查的应用性。

（三）高中物理拓展型作业与高考评价创新性的要求一致

《中国高考评价体系》指出，具备良好创新思维的学生能够摆脱思维定式的束缚，善于独立思考，大胆创新创造。他们具备敏锐发现旧事物缺陷、捕捉新事物萌芽的能力，具备推测、设想并周密论证的能力，具备探索新方法、积极主动解决问题的能力。创新性要求创设合理情境，设置新颖的试题呈现方式和设问方式，要求对即将进入高等学校的学习者在新颖或陌生的情境中主动思考，完成开放性或探究性的任务，发现新问题、找到新规律、得出新结论的水平进行测量与评价。①

高中物理拓展型作业与高考创新性考查要求的一致性表现在以下两个方面。

第一，高中物理拓展型作业创设新的学习情境，高考体现创新性的试题情境要素中研究对象所处环境新，两者具有较大的一致性。问题情境的创新一般取材于新技术、新方法、新材料的应用，或者取材于时代热点问题。

第二，高中物理拓展型作业设置创新的学习任务，高考体现创新性的试题的设问新，两者具有较大的一致性。例如，拓展型作业“实验探究：橡皮筋符合胡克定律吗?”“用创新方法探究平抛运动”“设计实验研究弹簧拉伸与压缩相同长度时储存的弹性势能是否相等”等，均为创新的学习任务，也为高考创新性试题提供借鉴。

---

① 教育部考试中心．中国高考评价体系［S］．北京：人民教育出版社，2019：31－32.

（四）高中物理拓展型作业的创新性特点在高考物理试题中的体现

高中物理拓展型作业中的新情境、新任务、新方法，在高考物理试题中也经常得到体现。

【试题举例 1】

在高中物理必修 2 模块“曲线运动与万有引力定律”主题中，有一个拓展型作业主题为“用创新方法探究平抛运动”。查阅近年的高考物理试题，可以发现许多有关平抛运动的实验题就是用创新方法对平抛运动进行探究。

某实验小组利用如图 1 所示装置测定平抛运动的初速度。把白纸和复写纸叠放一起固定在竖直木板上，在桌面上固定一个斜面，斜面的底边 ab 与桌子边缘及木板均平行。每次改变木板和桌边之间的距离，让钢球从斜面顶端同一位置滚下，通过碰撞复写纸，在白纸上记录钢球的落点。

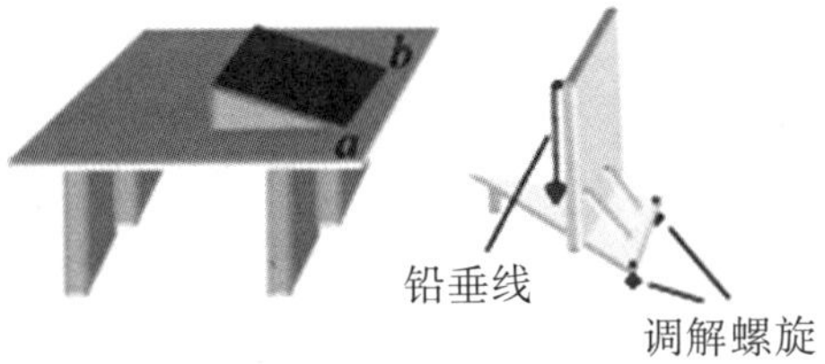

图1

（1）为了正确完成实验，以下做法必要的是________。

A. 实验时应保持桌面水平

B. 每次应使钢球从静止开始释放

C. 使斜面的底边 ab 与桌边重合

D. 选择对钢球摩擦力尽可能小的斜面

（2）实验小组每次将木板向远离桌子的方向移动 0.2 m，在白纸上记录了钢球的 4 个落点，相邻两点之间的距离依次为 15.0 cm、25.0 cm、35.0 cm，示意如图 2 所示，重力加速度 $g=10\ \mathrm{m/s^2}$，钢球平抛的初速度为________ m/s。

（3）图 1 装置中，木板上悬挂一条铅垂线，其作用是________________。

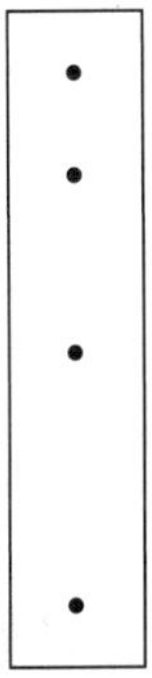

图 2

试题评析：

本题来源于 2020 年天津高考物理真题。本题考查的知识为平抛运动，考查的能力为信息获取与理解、模型建构、实验探究、运用物理知识解释实际问题的能力。试题中的实验方案在体现创新性方面有以下两点。

第一，实验方案与问题情境创新。本题通过观察竖直挡板在相同水平间隔的不同位置时得到的点迹，来得到相同时间间隔内的竖直位移，从而根据逐差法求出时间间隔，与课本上的常规实验方案相比，具有一定的创新性。

第二，问题创新。本题并没有探究平抛运动的性质，而是通过巧妙的设计求平抛运动的初速度，考查学生对平抛运动基础知识的理解与创造性地解决问题的创新能力。本题体现了考查的创新性。

【试题举例2】

在高中物理必修2模块“机械能守恒定律”主题中，有一个拓展型作业主题为“设计不同于课本已有的实验方案来验证机械能守恒定律”。查阅近年的高考物理试题，可以发现许多有关机械能的实验题就是来源于用创新实验方案对机械能守恒定律的验证。

某同学设计了一个用拉力传感器验证机械能守恒定律的实验。一根轻绳一端连接固定的拉力传感器，另一端连接小钢球，如图甲所示。拉起小钢球至某一位置由静止释放，使小钢球在竖直平面内摆动，记录钢球摆动过程中拉力传感器示数的最大值 T_{max} 和最小值 T_{min}。改变小钢球的初始释放位置，重复上述过程。根据测量数据在直角坐标系中绘制的 $T_{max}-T_{min}$ 图像是一条直线，如图乙所示。

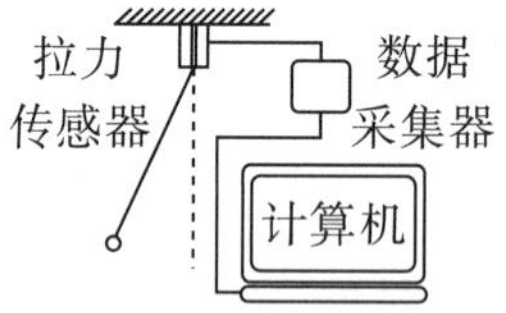

甲

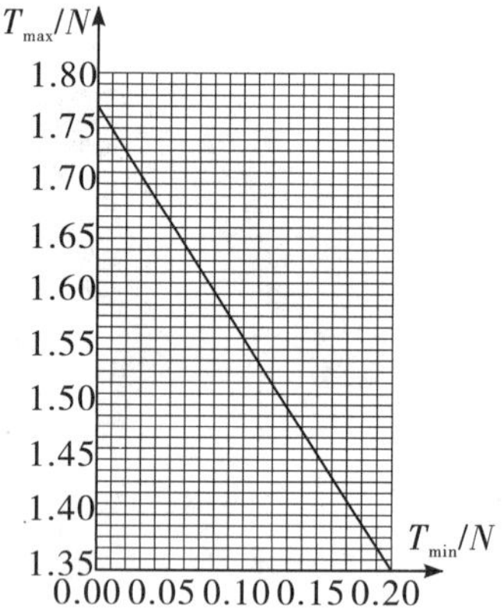

乙

（1）若小钢球摆动过程中机械能守恒。则图乙中直线斜率的理论值为________。

（2）由图乙得：直线的斜率为________，小钢球的重力为________。（结果均保留两位有效数字）

（3）该实验系统误差的主要来源是________（单选，选填正确答案标号）。

A. 小钢球摆动角度偏大

B. 小钢球初始释放位置不同

C. 小钢球摆动过程中有空气阻力

试题评析：

本题来源于2022年湖北高考物理真题。本题考查的知识为机械能守恒定律与圆周运动、向心力，考查的能力为信息获取与理解、模型建构、实验探究、运用物理知识解释实际问题的能力。试题中的实验方案在体现创新性方面有以下三点。

第一，实验原理验证方式创新。验证机械能守恒定律的原理，课本上一般是直接测量动能的增加量与重力势能的减少量是否相等。本题通过验证机械能守恒的必然推论，即绳子拉力最大值与最小值之间的某种关系，来间接验证机械能守恒定律。与课本上的常规实验方案相比，本题在实验原理验证方式上具有一定的创新性，体现了高考考查的创新性。

第二，实验装置与器材创新。由于实验原理的创新，实验装置与器材也必然有所不同。在对力的测量上，本题使用拉力传感器，与传统的弹簧测力计相比，测量数据更准确。

第三，数据处理手段的创新。与传统的实验数据处理方式，即记录数据、坐标纸中描点、连线等方式相比，本题利用传感器直接输入电脑，利用电脑软件处理数据并作图，具有较高的准确性和工作效率，体现出一定的创新性。

【试题举例 3】

在高中物理选择性必修 3 模块“固体、液体和气体”主题中，有一个拓展型作业主题为“设计创新实验探究气体的等温变化规律”。查阅近年的高考物理试题，可以发现许多有关玻意尔定律的实验题就是来源于“设计创新实验探究气体的等温变化规律”。

利用如图甲所示实验装置可探究等温条件下气体压强与体积的关系。将带有刻度的注射器竖直固定在铁架台上，注射器内封闭一定质量的空气，下端通过塑料管与压强传感器相连。活塞上端固定一托盘，托盘中放入砝码，待气体状态稳定后，记录气体压强 p 和体积 V（等于注射器示数 V_0 与塑料管容积 ΔV 之和）。逐次增加砝码质量，采集多组数据并作出拟合曲线如图乙所示。

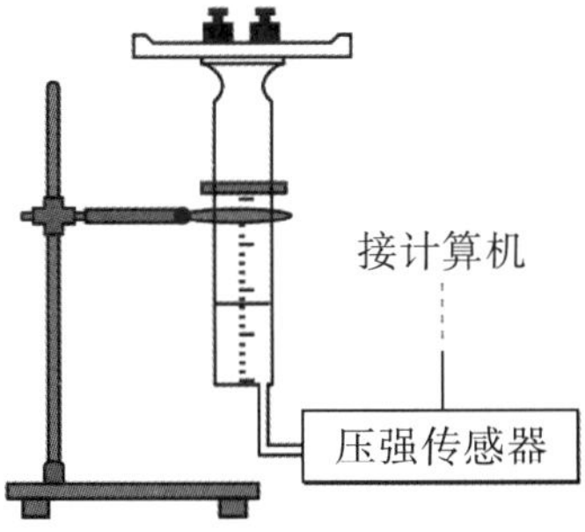

甲

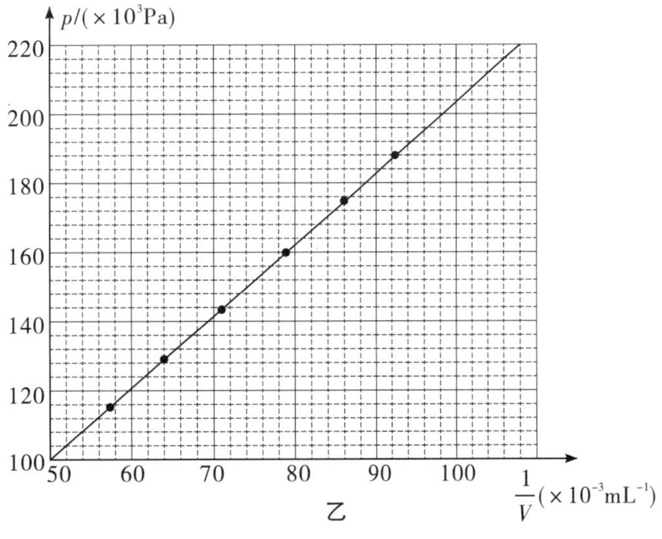

乙

回答以下问题：

(1) 在实验误差允许范围内，图乙中的拟合曲线为一条过原点的直线，说明在等温情况下，一定质量的气体（　　）。

A. p 与 V 成正比　　　　B. p 与 $\frac{1}{V}$ 成正比

（2）若气体被压缩到 $V=10.0$ mL，由图乙可读出封闭气体压强为________Pa（结果保留三位有效数字）。

（3）某组同学进行实验时，一同学在记录数据时漏掉了 ΔV，则在计算 pV 乘积时，他的计算结果与同组正确记录数据同学的计算结果之差的绝对值会随 p 的增大而________（填“增大”或“减小”）。

试题评析：

本题来源于2023年山东高考物理真题。本题考查的知识为玻意尔定律，考查的能力为信息获取与理解、模型建构、实验探究能力。试题中的实验方案在体现创新性方面有以下两点。

第一，实验装置与器材创新。传统的实验装置，是通过指针式压强计测量气体压强，本题用压强传感器，测量数据更准确。

第二，数据处理手段的创新。与传统的实验数据处理方式，即记录数据、坐标纸中描点、连线等方式相比，本题使用压强传感器将数据直接输入电脑，利用电脑软件处理数据并作图，具有较高的准确性和工作效率，体现出一定的创新性。

第二章

高中物理拓展型作业的内容设计

作业内容的设计是教学活动中的重要环节，其设计质量直接影响到教学目标的实现和学生学习效果的增强。依据教学目标和学情，遵循一定的作业设计原则与方法，是确保作业设计科学性和有效性的关键。高中物理拓展型作业，其内容设计更需要紧密围绕教学目标展开，并遵循科学合理的设计原则，以便激发学生的学习兴趣，培养学生的物理素养与实践能力。本章提出了高中物理拓展型作业内容设计的原则、方法与步骤，为高中物理拓展型作业的内容设计提供了重要的参考。

第1节
高中物理拓展型作业内容设计的原则

高中物理拓展型作业内容的设计，除了要考虑作业设计的一般原则外，还要遵循以下四个原则。

一、学科素养导向原则

《普通高中物理课程标准（2017年版2020年修订）》在基本原则中指出，要关注学生个性化、多样化的学习和发展需求，促进人才培养模式的转变，着力发展学生的核心素养。学科素养导向原则是新版物理课程标准修订的重要内容之一，强调培养学生的学科思维和学科能力，促使学生真正理解物理学科的核心概念和原理。因此，在设计高中物理拓展型作业内容时，应遵循学科素养导向原则。

学科素养导向原则，可以通过以下三个途径来体现。

（1）引入实践性任务。学科素养导向的设计应注重培养学生的实践能力。通过引入实践性任务，如实验设计和数据分析等活动，让学生亲自动手实践物理理论，从而深化对物理学概念的理解和应用。

（2）设计开放性问题。学科素养导向的设计应增强学生的问题解决能力。可以设计一系列开放性问题，鼓励学生进行自主研究和探索，培养学生的批判性思维和创新能力。

（3）布置探究性任务。科学的魅力在于对未知的不断探索，物理学科作为自然科学的基础学科，培养学生的科学探究能力是应有之义。以高中物理的学科知识为基础，布置难度合理，具有可操作性的探究性学习任务，是培养学生科学探究能力的重要途径。

学科核心素养是教学目标的最高层次，是三维目标的继承与发展。在进行拓展型作业的设计中，要考虑是否有利于学生物理概念与规律的形成、是否有利于学生科学思维的培养、是否有利于学生科学探究能力的培养、是否有利于学生正确的科学态度与责任感的形成。

高中物理拓展型作业内容的设计应遵循学科素养导向原则，注重学生的实践能力、问题解决能力和科学探究能力的培养，有效提升学生的学科素养水平。这对于实现学生个性化、多样化的学习和发展需求，促进人才培养模式的转变，以及发展学生的核心素养具有重要意义。

二、现实性原则

现实性原则是指高中物理拓展型作业内容的设计要考虑学生的现实条件。具体体现在以下四点。

第一，要考虑学生的知识与能力条件，要估计学生是否具有完成学习任务需要的知识能力。如果没有，能否通过教师简单的指导来实现。设计的学习内容不能太难，应在学生已有知识基础上进行拓展。

第二，要考虑学生可以在什么时间、什么地点完成作业。

第三，要考虑学生完成学习任务需要的材料与实验器材是否易得，要考虑学生完成作业需要的材料与实验器材通过什么途径获得。有些可以用生活中常见的材料，有些需要教师统一提供。

第四，要考虑学习结果以什么形式提交才能被有效地检查和评价。

根据现实性原则，如果上述四个方面的现实条件都具备，那么拓展型作业的布置就是现实可行的。

三、逻辑性原则

逻辑性原则是指拓展型作业内容的设计要遵循教学的逻辑顺序。物理教学的逻辑顺序是指在学科结构的基础上，根据学生认知事物的基本过程与顺序对教学做出的程序安排。高中物理拓展型作业在何处布置、设计什么形式的学习内容等问题，都要遵循教学的逻辑顺序。

布鲁纳在《教育过程》一书中强调，掌握事物的结构，就是以允许许多别的东西与它有意义地联系起来的方式去理解它。简单来说，学习结构就是学习事物是怎样相互关联的。根据布鲁纳的学科结构理论，每门学科都有它的基本结构，也就是学科所研究的事物之间的相互关系，包括基本原理与基本观念。只有掌握了学科的基本结构，才能更深刻地理解这门学科，从而便于对学科知识进行迁移应用。人们认知事物的逻辑顺序，一般为从已知到未知、从表象到本质、从感知到理解、从特殊到一般（或从一般到特殊）、从易到难等。高中物理概念的学习，常见的认知逻辑为从现象或情境出发，经过抽象概括形成概念。高中物理规律的学习，常见的认知逻辑为从现象或问题出发，经过科学探究得出规律。对物理知识的巩固、理解与迁移应用，常见的认知逻辑为从已知到未知、从一般到特殊等。

进行拓展型作业内容的设计，首先要分析教学的逻辑顺序。例如，高中物理必修 1 的主题一“机械运动与物理模型”，其主要内容为描述运动的物理量、匀变速直线运动以及自由落体运动，其中穿插了物理模型。该主题教学的逻辑顺序可以是从特殊到一般规律，再从一般应用于特殊情境，即从机械运动的相关现象到对应的质点、位移、速度、加速度等概念，从概念的建构到匀变速直线运动规律的探究，再将规律应用于典型运动（如自由落体运动）的性质探究。

根据逻辑性原则设计拓展型作业内容时，要关注以下两个问题：根据该主题教学的逻辑顺序，课时安排是怎样的？拓展型作业布置在课前还是课后？

四、必要性原则

必要性原则是指拓展型作业内容必须紧扣教学目标和学生的学习需求，避免不必要的负担。教学目标的确定一般依据课程标准对教学内容的规定、学科核心素养的培养要求以及学情分析。此处必要性是指必要且是常规纸笔作业不可替代的。某个拓展型作业对实现教学目标是否具有必要性，具体来说主要有以下几个方面的判断：是否有利于学生物理知识的建构、巩固与深化理解，是否有利于学生科学思维的培养，是否有利于学生科学探究能力或解决实际问题能力的培养，是否有利于学生正确的科学态度、价值观与责任感的形成。

必要性原则是用来判断一个拓展型作业是必做作业还是选做作业的依据，并由此为其选择不同的实施路径。

根据必要性原则设计拓展型作业时，要关注以下两个问题：拓展型作业有利于哪一个教学目标的实现？它对实现教学目标的价值是常规课堂学习或常规纸笔作业不可替代的吗？

第 2 节

高中物理拓展型作业内容设计的方法与步骤

作业要为教学服务。高中物理拓展型作业是基于学科核心素养的教学的重要一环，因此其内容设计要站在学科教学设计的全局高度上去看，要遵循一定的教学逻辑，在学校教学的现实背景下进行具体的操作。

一、分析本主题教学的逻辑顺序与课时安排，提出可能的拓展型作业主题

根据教学的逻辑顺序分析单元教学内容设计（分析流程如图 2－1 所示），物理教学的逻辑顺序是指在学科知识内在逻辑结构的基础上，根据学生认知客观事物的基本过程与顺序对教学做出的程序安排。这要求对每一个小主题在大主题教学逻辑顺序中的位置进行分析，分析是否需要在上新课之前布置拓展型作业，为新知识的学习做好感性认识的准备；是否需要在教学后布置拓展型作业，巩固深化理解所学知识；是否需要在大主题学习之后布置拓展型作业，促进知识的系统化与深度学习。

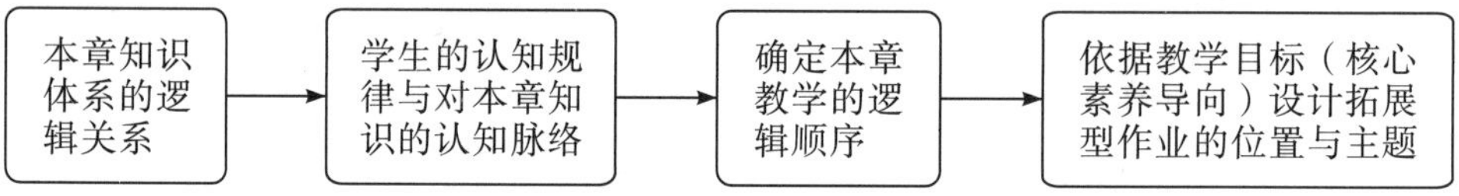

图 2－1　物理单元教学的教学逻辑分析流程图

下面以高中物理必修 1 模块“机械运动与物理模型”主题为例进行拓展型作业主题设计分析。

（一）本章知识体系的逻辑关系

本章的核心问题是探究物体做匀变速直线运动的基本规律，核心知识点是对物体运动的描述以及匀变速直线运动的规律，匀变速直线运动的规律建立在对运动的描述相关概念的基础上。故本章知识的逻辑起点为机械运动。

机械运动就是物体位置的变化。物体相对谁的位置变化？由这个问题可以引出参照物与参考系的定义，以及用直线坐标表示直线运动物体的位置。那么如何表示位置的变化？这个问题可以引出位移的概念。位置变化有快有慢，即运动有快慢。如何表示物体运动的快慢？于是就引出了平均速度与瞬时速度的概念。由于速度也会变化，速度变化也有快慢，那么如何表示速度变化的快慢？于是就有了加速度的概念。当然加速度也会发生变化，但这个内容对于高中生已经不做进一步的研究要求了。

有了对运动的描述的基本概念，以及对这些概念的文字、符号、图像等表征形式的了解之后，就可以探究匀变速直线运动的规律了。匀变速直线运动的规律的逻辑起点，在于匀变速直线运动的定义。高中物理中有很多核心知识的逻辑起点都是其定义。根据匀变速直线运动的定义，其加速度是定值，大小方向都不变。再由加速度的定义式可以推导出速度随时间变化的关系，即得到速度公式。那么，如何得到位移随时间变化的关系式呢？一个方法是用微元法结合速度—时间图像进行推导，得出位移公式；另一个方法是通过实验进行多次测量位移、初速度与时间，通过大量数据拟合出位移公式。一般情况下，大多数版本的教材都按照第一种微元法的方法得到位移公式。得到速度公式与位移公式后，速度与位移的关系式以及专用于匀变速直线运动的平均速度公式都可以推导出来。得到匀变速直线运动的规律后，就可以继续学习两种典型的匀变速直线运动：自由落体运动与竖直上抛运动。

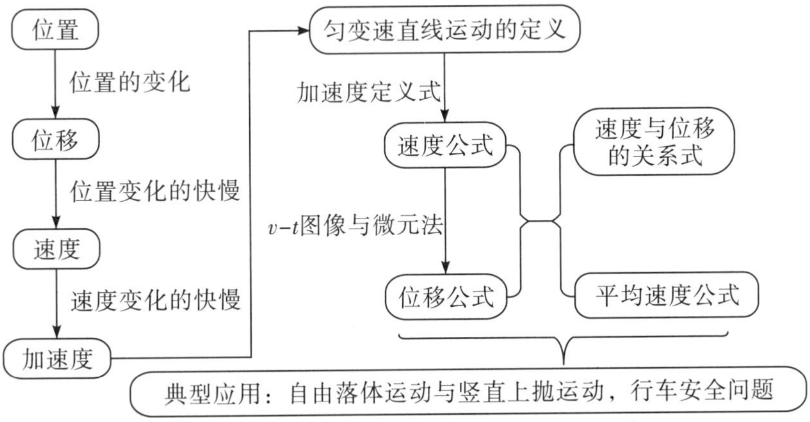

图 2－2　必修 1“机械运动与物理模型”主干知识的逻辑关系

（二）学生的认知逻辑

对本章知识，学生的认知逻辑主要有以下两个：第一个是从表象到本质。从物体运动的表象抽象、概括出理想模型与基本概念，通过基本概念与数学知识进行推导得到匀变速直线运动背后的运动规律，这是一种从表象到本质的认知逻辑，也对应着从特殊到一般的归纳思维。第二个认知逻辑是从一般到特殊。从匀变速直线运动的一般规律，到自由落体运动、竖直上抛运动以及行车安全问题等具体问题中的典型应用，是从一般到特殊的认知逻辑，对应着演绎思维。

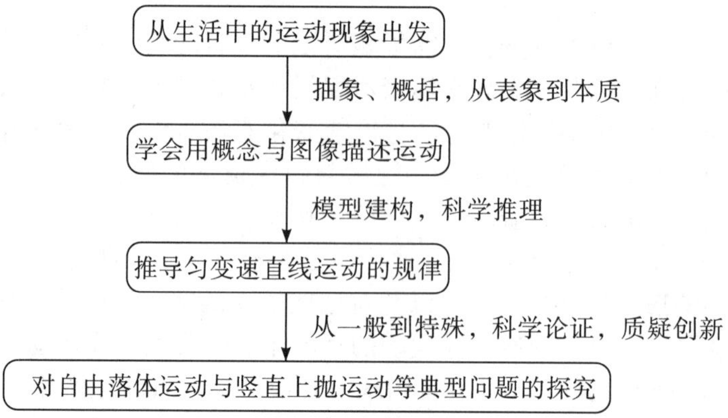

图 2－3　本章学习中学生的认知逻辑

（三）本章教学的逻辑顺序与可能开展课外拓展型作业的位置

教学的逻辑顺序的确定，以知识体系的逻辑关系为首要依据，以学生的认知逻辑为次要依据。即以在学生头脑中构建知识体系为首要目标，在构建知识体系的过程中，每一个知识点的学习，均要遵循学生的认知逻辑。每一个知识点的学习，都是学生核心素养培养的重要时机，拓展型作业服务于学生核心素养的培养。本章教学的逻辑顺序与可能开展课外拓展型作业的位置之间的关联，可用图 2－4 表示。

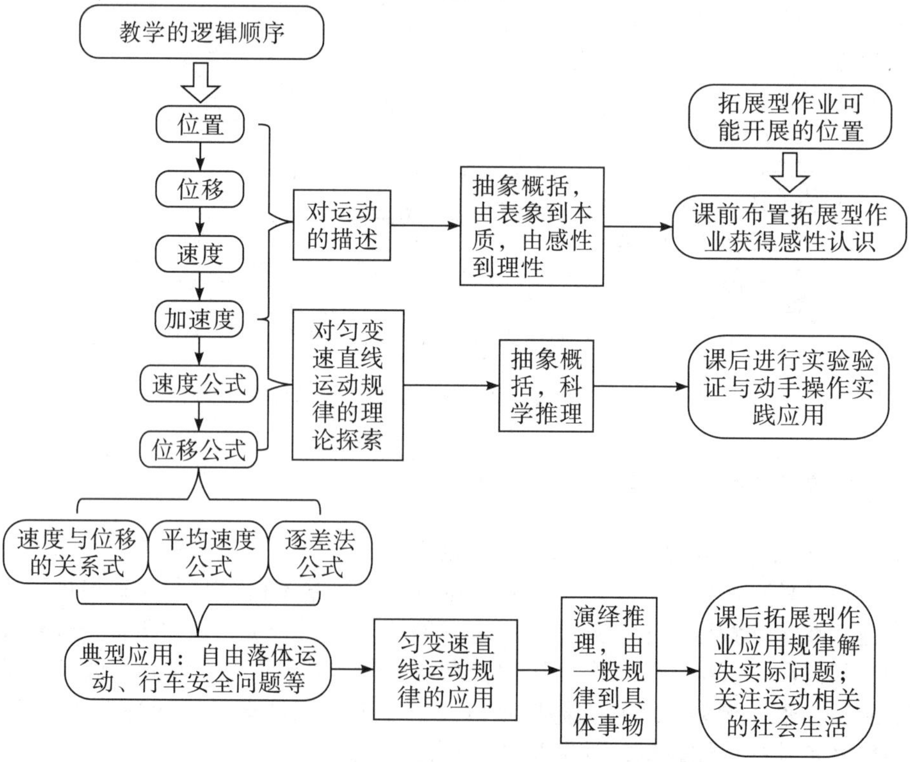

图 2－4　本章教学的逻辑顺序与可能开展课外拓展型作业的位置

（四）本章简要教学设计

分析本主题的具体教学内容，按课时设计好新课的简要教学环节，看每个课时是否可以安排前置或后置的拓展型作业（可能的学习任务）；例如必修 1 “机械运动与物理模型”主题，简要教学环节和拓展型作业主题设计如表 2－1 所示。

表 2－1　“机械运动与物理模型”教学环节和拓展型作业主题设计

课时	新课教学内容	简要教学设计［课堂环节、作业类型（常规习题、自主探究等）］
总体构思	本章主要学习任务：（1）质点模型的建构；（2）位移、速度、加速度的概念学习；（3）探究匀变速直线运动的规律（方法之一为从定义出发→理论探究→对具体运动实验探究）；（4）匀变速直线运动规律的理解与描述（公式、图像等）；（5）探究自由落体运动；（6）了解伽利略关于物体运动的实验研究及其对科学发展的意义	
1	质点、时间与时刻、位移与路程	创设情境导入→启发式教学→课堂练习 【作业】常规作业
2	速度、位移图像表示速度	创设情境导入→概念建构→概念表征→课堂练习 【作业】常规作业
3	实验：用打点计时器记录运动信息，用光电门测量瞬时速度	电火花打点计时器的使用→记录小车的运动信息→用光电门测小车的瞬时速度 【作业】常规作业：实验数据处理
4	加速度（平均加速度→瞬时加速度→匀变速直线运动的定义）、速度—时间图像	创设情境导入→概念建构→概念表征→课堂练习 【作业】常规作业 拓展型作业主题 1：观察生活中的变速运动
5	探究匀变速直线运动的规律（位移公式、平均速度公式）	理论探究→位移公式→平均速度公式→课堂练习 【作业】常规作业 拓展型作业主题 2：利用光电门验证匀变速直线运动的位移公式与平均速度公式
6	匀变速直线运动规律的理解与描述（其他公式、图像等）	理论探究→课堂练习 【作业】常规作业 拓展型作业主题 3：实验探究物块在斜面上的下滑是否为匀变速直线运动（多种方法）

续上表

课时	新课教学内容	简要教学设计［课堂环节、作业类型（常规习题、自主探究等）］
7	探究自由落体运动的性质	实验探究→概念建构→课堂练习 【作业】常规作业 拓展型作业主题4：质量相同形状不同的物体做落体运动的加速度有何特点 拓展型作业主题5：制作一把测量反应时间的量尺
8	了解亚里士多德关于力与运动的主要观点和研究方法；了解伽利略关于自由落体运动的研究及其对科学发展的意义	讲授→启发式学习 【作业】拓展型作业主题6：伽利略关于自由落体运动的研究及其对科学发展的意义
9	追及问题与行车安全	启发式学习→自主学习 【作业】常规作业
10	复习	拓展型作业主题7：学生小组自编习题与说题

二、对可能的拓展型作业主题进行具体分析

对可能的拓展型作业主题进行具体分析，包括以下两个步骤。

第一步，进行教学的素养导向原则和现实性分析。以拓展型作业“观察生活中的变速运动”的设计原则分析为例：

【核心素养导向】

对日常生活中常见机械运动进行抽象概括，形成描述运动的几个物理概念，是学生物理运动观念形成的重要过程。在课前开展“观察生活中的变速运动”的拓展型作业，使学生获取形成加速度概念的直观感性材料，有助于学生形成加速度的概念，帮助学生理解加速度的物理意义，构建加速度的表象表征，是学生建构完整加速度概念认知图式的必不可少的过程。

课前开展“观察生活中的变速运动”的拓展型作业，还有利于学生形成正确的科学态度与价值观，使学生认识到人类的知识可以来源于生活实践，也服务于生活实践；有利于学生培养热爱生活的态度和善于观察生活的能力，树立学以致用的观念。

【必要性】

机械运动是处处存在的变化多样的自然现象，要学习如何描述机械运动，学生

必须要见过机械运动，掌握生活中常见的机械运动的感性材料，如人跑步、汽车行驶、动物奔跑等。高中物理的新知识点中，位移比较好理解，速度在初中已经学习过，高中有深化但理解难度还不是很大，比较抽象难懂的是加速度的概念。在学习加速度这个知识点之前，让学生先观察生活中的变速运动，并且通过对比不同物体的变速运动，认识到速度变化有快有慢，能够为学习加速度打下感性认识的基础。然而，获取变速运动的感性认识，亲自现场观察固然最好，但也可以用相关视频替代，因此课前开展本主题的拓展型作业不具有必要性，可以作为选做作业。

【现实性】

时间：周末或放学后。

空间：在学校放学后的操场上观察师生的体育运动，或者周末在十字路口观察车辆的启动与停止。

物质条件：有相机功能的手机（几乎所有人都有）。

能力条件：高中生完全具备用手机相机功能拍视频，观察并记录运动情况的能力。

因此，开展“观察生活中的变速运动”的拓展型作业，完全具备现实性。

第二步，确定拓展型作业的具体内容，包括学习目标、活动材料与条件准备、活动环节设计、学习活动的组织形式、学习成果呈现形式、检查、反馈与评价方式等。以“观察生活中的变速运动”为例，具体内容设计如下。

【作业目标】

通过观察生活中的各种变速运动，尤其是变速直线运动，获得对各种变速运动的感性认识。

【完成作业的材料与条件】

1. 材料

有相机功能可以用来拍摄短视频的手机一部。

2. 时间与空间

时间：周末或放学后。

空间：在学校放学后的操场上观察师生的体育运动，或者周末在十字路口观察车辆的启动与停止。

【作业说明与教师支持】

（1）同学们利用课余时间拍摄物体的变速运动过程，制作成短视频。

（2）视频中能清楚地看出不同物体的变速运动，不同物体有的速度变化快，有的变化慢；可以拍摄操场上几个人跑步比赛的开始阶段，或者在有红绿灯的十字路口并排行驶直行的汽车的启动和停止。

（3）特别注意交通安全，不要正对着汽车的车内拍摄，以免引起不必要的麻烦。

（4）拍好的视频请上交给物理老师。

【完成作业的环节设计】（见活动学案）

【作业组织形式】学生小组活动，每小组不超过 3 人。

【作业成果呈现形式】图片与视频。

【作业反馈与评价】（1）班级展示、反馈与评价；（2）网络平台展示。

三、教师小组讨论并编写学案（活动任务清单）

选出经过分析可行的拓展型作业主题后，教师小组集中讨论交流，确定布置哪些拓展型作业，并分工编写给学生用的学案（活动任务清单），再在各自的班级里实施。注意收集素材，及时总结经验教训，写好活动总结。下面以“观察生活中的变速运动”为例，具体学案如下。

“观察生活中的变速运动”学案

班级：____________，第____组，组长：________________

小组成员与分工：________________________________

[作业目的]

（1）观察生活中的各种变速运动，尤其是直线运动的。

（2）通过观察变速运动的速度方向与速度大小的变化，获得对各种变速运动的感性认识。

[活动环节]

一、任务解读

1. 任务内容

观察物体的变速运动过程，并拍成视频。

2. 任务要求

（1）视频中能清楚地看出不同物体的变速运动，不同物体有的速度变化快，有的变化慢；可以拍摄操场上几个人跑步比赛的开始阶段，或者在有红绿灯的十字路口并排行驶直行的汽车的启动和停止。

（2）特别注意交通安全，不要正对着汽车的车内拍摄，以免引起不必要的麻烦。

（3）拍好的视频请上传至物理老师的电子邮箱 ××××。

二、作业完成过程

活动 1：活动计划

活动时间：________________________

活动地点：________________________

活动准备：________________________

分工：__________________________

活动 2：拍摄变速运动

活动 3：观察结果描述

活动4：活动成果上交

三、作业反思

（完成作业的过程中遇到哪些困难，有哪些地方前期没做好，后来有什么改进方法，还有什么其他想法）

第三章

高中物理拓展型作业的实施

高中物理拓展型作业的实施流程，可以用“分组→布置、说明与支持→完成与提交→反馈、评价与展示”来概括。高中物理拓展型作业主要由学生在课外自主完成，因此主要环节由学生根据学案（活动清单）的指引进行。但在前期的“分组→布置、说明与支持”和后期的“提交→反馈、评价与展示”阶段，还是需要教师进行必要的组织工作，而且这种组织工作对拓展型作业的顺利开展是必不可少的。

第1节 实施高中物理拓展型作业的前期工作

高中物理拓展型作业在布置给学生之前，必须做好必要的前期工作，才能使作业的内容与要求顺利地落实，并达到作业预设的教学目的。

一、学生分组

学生分组学习是基于学习任务特点，培养交流、沟通与合作能力的一种学习组织形式，已成为一种普遍且有效的教学策略。这种方法不仅可以提高学生的学习效率，还能够培养学生的多项关键能力，如沟通、合作和解决问题的能力。在高中物理拓展型作业中，学生分组的目的主要有两个：一是使学生有讨论交流的合作者，降低完成学习任务的难度；二是培养学生沟通交流与合作的能力。学生分组要注意能力的互补，注意人数的合理控制，既要保证必要的合作效果，也要确保每位学生能够充分参与。

学生分组的一个核心目的是为学生提供一个合作和讨论的平台。通过分组，学生可以在小组内部进行意见交换和知识分享，这不仅可以降低个别学生在面对复杂学习任务时的难度，还能够通过集体智慧帮助学生获得更深入的理解和更多元的视角。在这种交流和讨论过程中，学生能够学习到如何表达自己的观点，如何倾听他人的意见，以及如何通过协商达成共识，这些都是当今社会非常重要的沟通技能。

学生分组也是培养学生沟通交流与合作能力的有效途径。在分组活动中，每个学生都需要与其他组员合作，共同完成任务。这种合作过程要求学生不仅要发挥自己的长处，还要学会欣赏和利用其他组员的优势。通过这种互补合作，学生可以互相交流和分享知识，同时也可以领悟到团队合作的重要性，这对于他们未来的学习和职业生涯的发展都具有重要意义。

为确保学生分组的效果，教师在组织分组时需要注意几个关键因素。

首先，能力得以互补。在分组时，教师应尽量将具有不同能力和背景的学生分在同一组，以便他们可以互补彼此的不足。例如，可以将知识基础弱但动手操作能力较强的学生与知识基础较好但动手能力相对偏弱的学生分在一组，这样他们可以在学习过程中相互帮助，共同进步。

其次，人数的合理控制也非常关键。如果组内人数过多，可能会导致部分学生参与度不高，无法充分发挥小组的优势；而人数过少则可能使得资源和意见的多样性不足。通常情况下，每个小组的人数控制在不超过 4 人为宜，这样既可以确保小组内部的有效沟通，又能保证每个成员都有机会积极参与。具体情况还要根据任务的特点来确定。以“反应量尺的制作”为例，因为本制作以自由落体运动的规律为知识基础，过程比较简单，既可以单独一人一组，也可以两人一组，但每组人数不能超过 2 人。

最后，为了让学生分组活动达到最佳效果，教师还需要设计合适的分组任务和评估机制。任务应具有适当的挑战性，并且能够促进学生之间的互动和合作。评估机制则应该公平合理，既要评价小组的整体表现，也要关注个别学生在小组中的具体贡献，以激励学生积极参与小组活动，充分发挥自己的潜能。

学生分组是一种重要的教学策略，它不仅可以帮助学生更有效地学习，还能培养他们在沟通、合作等多方面的能力。通过注意能力的互补、人数的合理控制以及设计有效的任务和评价机制，可以最大化学生分组学习的效果，为学生的全面发展奠定坚实的基础。

二、作业任务的说明

作业任务说明是实施拓展型作业过程中的一个关键环节，它的主要目的是确保学生能够对所要完成的作业内容和任务要求有一个清晰和准确的理解。这不仅有助于学生正确地把握作业的重点，还能有效地指导他们完成学习任务，从而提高学习效率和质量。作业任务说明的方式可以是教师口头讲述，也可以是教师简要示范，或者是创设生活情境，使学生了解拓展型作业内容在情境中的表现和要求。

口头讲述是最直接也是最常见的一种方式。通过教师的详细解释，学生可以直接听到任务的具体要求和完成任务的步骤。这种方式直接、快捷，尤其适用于那些比较抽象或需要强调理论知识点的学习任务。

然而，仅仅依靠口头讲述有时可能会导致学生理解不全面，尤其是对于那些需要操作或实践的任务。为了更好地帮助学生理解如何操作，教师可以采用简要示范的方式。通过实际操作展示，学生不仅可以看到具体的操作过程，还可以对操作中的关键步骤和技巧有更直观的认识。这种方式特别适合那些技能性较强的作业任务，如实验操作等。

此外，创设生活情境也是非常有效的作业任务说明方式。通过模拟真实的生活场景，教师可以将抽象的作业内容具体化，使学生能够在类似真实的环境中理解和掌握学习任务的要求。

以“反应量尺的制作”为例，教师可以做如下说明。

（1）教师可以在教室用一把尺子或一根木条演示如何粗略测量人的反应时间，让学生明白通过手指夹住的这个木条上的对应刻度就能直接读数得到反应时间测量值。

（2）展示学案（活动清单），通过问题让学生理解学案中的各项要求。例如，依据什么物理规律（原理）来确定尺子上的刻度数？刻度数是否均匀？制作出这把反应量尺，需要哪些步骤？每一步需要哪些材料和必备工具？要特别注意的是，在学习任务的说明时，教师只能提出问题以让学生理解学习任务的要求，不能帮助学生分析问题更不能回答问题，应该将思考的机会留给学生。

三、作业任务的支持

在实施拓展型作业的过程中，学习任务的支持是一个至关重要的环节，它涉及为学生在材料、技术、时间和场地等方面提供适当的帮助和指导。这种支持不仅能够帮助学生更好地完成拓展型作业，更有效地提高学习效率和质量。

高中物理拓展型作业的支持，主要指给学生材料与技术上给予适度的帮助指导，以及在学习时间与场地方面给予帮助。

在给学生材料与技术上的支持方面，要注意以下几点。

（1）对于制作类主题，如果需要的材料对于一般家庭并不常见，则可以全班统一购买；对于所需要的工具，如钳子、螺丝刀、热熔枪等，也可以全班购买两套再由专人管理。

（2）对于实验探究类的主题，教师可以考虑在一定的时间内对学生开放实验室。

（3）对于用手机进行实验探究的作业，教师可以先教会学生相关技术和操作。在对学生提供支持的时候，一定要提醒学生注意安全，需要使用市电的操作，要在实验室有实验员或教师在场的情况下使用。

在学习时间与场地方面的支持上：拓展型作业的完成需要一定的时间保证，因此在布置拓展型作业时，可以少布置常规作业，给学生留出完成拓展型作业的时间与空间。对于拓展型作业完成的时间与空间安排，可分为以下几种情况：如果学习任务适合个人完成，或者可以通过网络联系合作完成，则可以让学生周末在家完成；如果学习任务需要多人合作动手操作，则可以布置在学校的课余时间完成；如果教室空间允许，可以在教室后面划出实验台与作品展示区；对于需要在实验室条件下开展的拓展型作业，如果条件允许，可以帮学生预约实验室的使用。

第 2 节

实施高中物理拓展型作业的后期工作

实施高中物理拓展型作业的后期工作，主要包括学习结果的呈现、反馈与评价。没有前期的对学习任务的说明与支持，大多数学生难以顺利完成拓展型作业。而没有后期的反馈与评价，则学生对下次完成拓展型作业就没有太大的积极性。因此每次活动的反馈与评价，对提升学生完成拓展型作业的积极性起着关键作用。

一、高中物理拓展型作业成果的提交与反馈

拓展型作业成果的提交要求，可以在活动任务清单里写清楚，包括实物、纸质学案和照片、视频等。高中物理拓展型作业成果的反馈是实现拓展型作业目标的重要一环。学习成果的反馈包括以下两点。

第一，存在的问题分析。教师将存在典型问题的作业成果在班上展示，让学生讨论分析存在哪些问题，并让学生提出改进办法。这样做的目的在于通过集体的力量，让学生们共同识别和分析这些问题，进而激发学生的批判性思维。在这个过程中，学生不仅可以学会如何识别问题，更重要的是学会如何提出解决问题的策略。通过分析问题并提出改进办法，对培养学生的质疑和创新精神，提高学生的科学思维能力与理论联系实际的能力都有着重要的意义。

例如，在“制作反应量尺”拓展型作业中，有的学生制作出来的反应量尺上的时间刻度是均匀的，教师可以将此问题作为讨论的焦点，引导学生分析错误的原因，并讨论如何改正这一错误。通过这种方式，学生可以从错误中学习，深化对自由落体运动物理规律的理解和应用能力。

第二，优秀作业欣赏。通过对优秀作业进行点评欣赏，不仅对那些努力学习的学生给予了肯定，也激励了其他学生向他们学习。这种作业欣赏不仅是对作业成果的推广，更是一种学习方法和思维方式的传播。优秀的作业往往展现了学生在解决物理问题时的创新思路和扎实的理论基础，这对观摩的学生来说是一次极好的学习机会。通

过不同小组的作业展示，学生能够看到物理知识应用的多样性。此外，这也为学生提供了一个展示自己创新思维和科学素养的平台，增强了他们进行创新学习的信心和兴趣。点评欣赏优秀作业，既是对学生努力的肯定，也为全班学生提供了一个交流学习的机会，对营造班级积极活跃的学习氛围起到重要的作用。

高中物理拓展型作业成果的反馈机制通过问题分析和优秀作业点评欣赏这两个方面，有效地促进了学生科学思维的培养和理论知识的实际应用，培养了他们的创新精神和解决问题的能力，并激发他们进行科学探究的热情。

二、拓展型作业成果的评价与展示

在学习成果反馈之后，要对全体学生的学习成果做出评价。拓展型作业的完成没有明确的答案与标准，不方便进行量化评价，但可以根据学生完成的质量进行等级评价。在进行作业反馈时，可以对评价等级做出说明，让学生清楚优秀的作业与不合格的作业两者之间的区别。

学习成果反馈、展示与评价，不仅可以在教室里面进行，还可以在网络空间做充分的展示，接受网络评价，对内可以激发学生的学习热情，激励学生做得更好，对外可以起到交流推广的作用。在学校举办如“校庆”“科技节”等大型活动时，可以精选一批优秀的拓展型作业成果参与展示，包括但不限于科技制作作品展示、主题演讲、趣味科学实验等。利用拓展型作业成果的展示，可以使学生获得成就感，增强学生学习的自信心，提高完成拓展型作业的积极性。

第3节
高中物理拓展型作业的实施路径

根据学科素养导向分析、教学逻辑分析以及现实条件分析，可以确定所有可用的拓展型作业主题。根据学生群体的不同需求、实现教学目标的必要性，以及作业内容特点，可以设计出拓展型作业实施的四个主要路径。

1. 在全班教学中布置必做拓展型作业

在面向全班学生的常规教学中布置拓展型作业，选择的标准主要是其对于实现教学目标的必要性。具体来说主要判断在以下几个方面是否必要且是常规纸笔作业所不可替代的：①物理知识的建构、巩固与深化理解；②科学思维的培养；③科学探究能力或解决实际问题能力的培养；④正确的科学态度、价值观与责任感的形成。如果有一个方面可以判断为“是”且纸笔作业无法达成，则这个拓展型作业就是必做作业。

2. 在学生社团中布置选做的动手操作类拓展型作业

物理课外学习相关的社团面向全校招收成员，社团活动包括但不限于与高中物理有关的探究实验、验证实验、根据课本实验进行创新的实验、小制作以及学生想要探究的其他物理问题等。由于社团成员对物理的学习兴趣与学习基础水平平均较高，社团活动有专门的活动场地与条件，因此适合布置难度稍微大一点的动手操作类拓展型作业。

3. 在假期留校学生中布置选做的趣味性与基础性的拓展型作业

假期留校学生由于远离家乡，周末与放假基本只能留校活动。在假期开展基于高中物理拓展型作业的学习活动，能够更好地丰富留校学生的假期生活，充分利用假期时间提升学生的物理学科素养，具有重要的意义。要提高学生在假期参与物理拓展学习的积极性，必须提高拓展学习活动的趣味性，降低学习难度。因此，可以选择布置具有趣味性与基础性的作业。例如，制作一个用于表演的道具；进行游戏化学习，引入趣味性的比赛；走出校园进行参观学习；等等。

4. 寒暑假在物理班全体学生中开展高中物理拓展型作业竞赛

寒暑假学生可自由支配的时间比较长，适合布置拓展型作业。为了调动学生完成作业的积极性，可以开展高中物理拓展型作业竞赛，对于作业完成质量比较高的学生，给予相应的奖励。寒暑假拓展型作业竞赛的作业内容，必须要适合学生校外完成，难度不能太大。

第四章

高中物理拓展型作业资料在教学中的应用

拓展型作业产生的学习资料，是学生亲自参与活动所取得，学生对其具有天然的亲和感。将拓展型作业产生的学习资料用于教学，能极大地提高学生的学习兴趣，增强学生的成就感，取得更好的教学效果。本章从多个方面讨论了高中物理拓展型作业资料在教学中的实际应用途径。

第1节
将拓展型作业资料用于课堂教学

一、将拓展型作业资料作为物理概念教学的感性认识素材

人对事物的认识一般遵循从感性认识到理性认识的过程。拓展型作业有利于学生物理观念的形成，对帮助学生在头脑中建构起物理概念的完整认知图式起到了常规课堂学习无法替代的作用。

人们对事物的认识过程通常是从感性认识逐步过渡到理性认识。感性认识是通过直接的感觉和经验来接触和理解事物，而理性认识则是在此基础上通过思考、分析和系统化学习，对事物的本质和规律进行深入的探索。在物理学习中，后者尤为重要。物理学是研究自然界基本物质的结构、状态及其相互作用和运动规律的科学，它要求学生不仅要有直观的感性理解，更要能通过理性思维建立起完整的概念体系。

实施高中物理拓展型作业作为一种有效的教学策略，能够极大地促进学生感性认识向理性认识的转变。通过观察、实验、参观科技馆等活动，拓展型作业为学生提供了丰富的感性经验，这些经验是课堂理论学习难以提供的。在这些活动中，学生能够直观地观察、亲身体验物理现象，在心中逐步构建起物理概念的初步形象。例如，在学习加速度之前，让学生观察红绿灯路口不同车辆的启动情况，拍下视频并做好记录，这些资料可以使学生获得物体速度变化与速度变化快慢的感性认识。

随后，通过课堂学习，学生可以在感性认识的基础上，进一步理解和把握物理概念的深层含义和内在联系。教师的引导，加上学生的思考和探索，共同帮助学生在大脑中建立起完整的物理概念的认知图式。这种由感性到理性的认识过程，建立在丰富的感性认识素材之上，使得物理知识不再是抽象和难以捉摸的，而是变得生动和具体，极大地提高了学生学习物理的兴趣和效率。

二、将拓展型作业资料作为物理规律教学的深度学习素材

高中物理的深度学习，是在理解基本概念与规律的基础上，进行知识的迁移应用，运用知识解决实际问题。深度学习是一种带着批判性精神的学习，在深度学习过程中，学生应用知识进行问题解决，必然遇到学习情境中的问题与已有认知结构的冲突，从而对自身已学知识或问题条件产生怀疑，深度思考如何验证或解释冲突。因此，在深度学习的过程中，学生能够根据新的学习素材进一步修正和完善头脑中的认知结构。

新课后进行的高中物理拓展型作业本身就具有深度学习的特点。在新课学习之后，物理拓展型作业资料也可以用于学生进一步的深化、拓展学习。这些拓展资料不仅能够帮助学生巩固已学知识，更能激发他们的创新思维和探究热情。

例如，在学习“匀变速直线运动规律”后布置拓展型作业“探究物体在斜面上从静止开始下滑的运动性质”，要求学生探究物体在斜面上从静止开始下滑的运动是否为匀变速直线运动，并尽可能用多种方法验证结论。教师可以将学生完成的学案归类，选择几种有代表性的探究方法用于课堂讨论交流。在对已完成的拓展型作业学案讨论交流的过程中，学生可以发现使用打点计时器记录运动信息的弊端，思考减小误差的办法；通过验证性实验，学生可以发现理论与现实的差异，深化对理想模型的理解，对规律进行深度学习。

三、用拓展型作业资料创设课堂教学中的问题探索情境

高中物理拓展型作业中，学生提交的包括视频、实验过程图片等在内的拓展型作业资料，都可以作为鲜活的课堂问题探索情境。

随着科技的快速发展和信息化教学手段的普及，传统的教学模式正逐渐向更具互动性、实践性和探索性的方向转变。特别是在高中物理这一学科的教学中，拓展型作业的引入不仅丰富了教学内容，也极大地提升了学生的学习兴趣和实际操作能力。通过学生提交的包括视频、实验过程图片等拓展型作业资料，能够将抽象的物理概念与现实世界中的具体现象联系起来，深化他们对物理知识的理解和应用。

用拓展型作业资料创设课堂教学中的问题探索情境能够激发学生的学习兴趣。使用学生提交的图片、视频等素材作为课堂讨论的基础，可以提供更加生动的教学情境。当这些来自学生自身的观察结果被拿到课堂上共同分析和讨论时，每个学生都有机会展示自己的发现，同时也能从他人的发现中获得新的视角和启发。这种互动性强的教学方式能够有效提高学生的参与度和课堂活跃度，使得物理课堂变得不再枯燥，而是一个充满探索和发现的活动场所。

用拓展型作业资料创设课堂教学中的问题探索情境有助于培养学生的创新思维和实际问题的解决能力。在实际操作过程中，学生往往会遇到各种预料之外的问题，这需要他们动用所学知识来进行思考和解决。例如，在拍摄一个物理现象时，学生可能

需要考虑如何更清晰地展示物理效应，或是设计什么样的实验来验证某个物理定律。这些过程无疑加深了他们对物理学的理解，也锻炼了他们的实际操作能力和创新思维。

用拓展型作业资料创设课堂教学中的问题探索情境的实例有很多，比如图 4－1 分析摩擦力的方向，图 4－2 分析摩擦力的大小，图 4－3 分析错误的操作，图 4－4（用动态镜头拍摄粉笔头做平抛运动）能提供研究平抛运动真实的问题情境。

图4-1

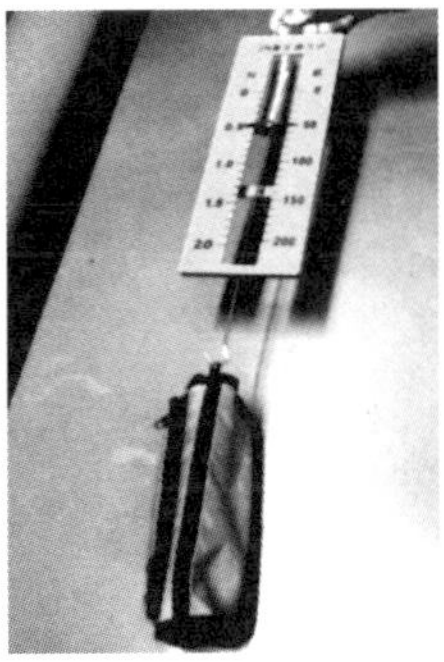
图4-2

图4-3

图4-4

第2节 将拓展型作业资料用于命题

一、将拓展型作业资料作为习题命题的素材

高中物理拓展型作业的内容与高考命题应用性与创新性要求高度一致。高中物理拓展型作业资料，为高中物理考试的命题提供了丰富的生活实践情境与素材。

高中物理拓展型作业所产生的学习资料不仅丰富多彩，而且贴近生活，更加容易被学生所接受和理解。考试作为高中教育阶段的重要考核手段，其命题越来越注重考查学生的应用能力和创新能力。高中物理考试的命题不再局限于简单的知识点的考查，更多的是通过综合性、应用性的题目来考查学生的综合素质。这就要求命题者必须深入生活实际，挖掘物理学与日常生活的联系，设计出既能测试学生物理知识掌握情况，又能考查学生实际应用和创新能力的题目。

观察类拓展型作业中学生拍摄的照片可以作为命题的素材。例如，观察生活中的力的平衡（见图4－5）可以用来命制三力或多力平衡的问题；认识常用电器的铭牌（见图4－6）可以用来命制电能方面的问题。实验探究类拓展型作业，可以为命题提供生活实践情境或学习探索情境。例如，测量电梯的加速度（见图4－7）。小制作类拓展型作业如“自制简易测力计”可以用来命制与胡克定律相关的力学实验题；主题演讲类拓展型作业如“万有引力与航天主题演讲”的相关材料可以用来命制与天体运动相关的试题。

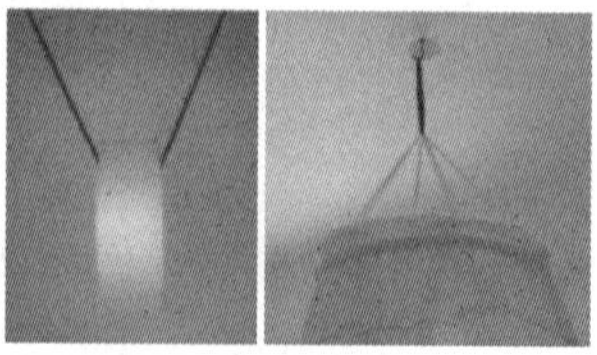

图4-5

图4-6

图4-7

二、将实验操作类拓展型作业用于素养评价

《普通高中物理课程标准（2017 年版 2020 年修订）》指出，物理学习评价应围绕物理学科核心素养的具体要求，创设真实而有价值的问题情境，采用主体多元、方法多样的评价方式，客观全面地了解学生物理学科核心素养发展状况。① 物理核心素养主要包括物理观念、科学思维、科学探究、科学态度与责任四个方面，物理核心素养的评价研究，目前主要集中在纸笔测试方面。纸笔测试能较好地实现对物理观念和科学思维的评价，在对科学探究的评价上较为客观但却不够全面，对于科学态度与责任方面的评价功能则极其有限。与纸笔测试相对的比较典型的评价方式是实验操作。实验操作能提供真实的问题情境，使学生脱离纸上谈兵式的探究与应用，更加客观真实地了解学生物理学科核心素养的发展水平，是纸笔测试的必要补充。

《中国高考评价体系》指出，“素质教育培养出的合格人才应该能够学以致用”。高中物理拓展型作业有许多主题是需要学生实际动手操作完成的，这些拓展型作业中的实验操作是学以致用的典型场景，与高考对应用性的考查要求相吻合。因此，将实验操作类拓展型作业应用于物理核心素养评价设计是非常有价值的探索。

（一）评价要素分析

《普通高中物理课程标准（2017 年版 2020 年修订）》对物理核心素养有清晰的阐述，并做了五个层次的水平划分。以此为基础分析四个方面核心素养的评价要素，如表 4－1 所示。各评价要素所适配的评价方式见表 4－2。

表 4－1　物理核心素养水平描述与评价要素

核心素养	素养要素描述关键词句	评价要素
物理观念	描述和解释自然现象，解决实际问题，指导工作和生活实践	解释现象，解决问题
科学思维	物理模型，分析和推理，获得结论并做出解释，恰当使用证据证明物理结论，有依据地质疑，采用不同方式分析解决物理问题	模型建构，推理论证 质疑能力，创新能力

① 中华人民共和国教育部．普通高中物理课程标准（2017 年版 2020 年修订）［S］．2 版．北京：人民教育出版社，2020．

续上表

核心素养	素养要素描述关键词句	评价要素
科学探究	分析事实或结论，提出物理问题，作出假设，制订科学探究方案，获得数据，分析数据发现规律形成结论，解释，实验报告，交流反思	问题界定，探究方案 获取数据，误差分析 分析数据形成结论 交流反思
科学态度与责任	创造性，有学习和研究物理的动机，实事求是，在合作中既能坚持观点又能修正错误，道德与规范，保护环境、节约资源、推动可持续发展的责任感	科学态度，社会责任

表 4－2　各评价要素适配的评价方式

评价要素	1	2	3	4	5	6	7	8	9	10	11	12	13	14	15
	解释现象	解决问题	模型建构	推理论证	质疑能力	创新能力	问题界定	探究方案	获取数据	分析数据	误差分析	交流反思	科学态度	社会责任	实际操作
纸笔测试	√	√	√	√	√	√		√		√	√				
实验操作		√		√	√	√	√	√	√	√	√	√	√	√	√

（二）基于实验操作的评价要素水平划分

基于实验操作的评价要素，在考生水平表现方面并不能像纸笔测试一样有标准答案可供打分评价。对实验操作中体现的素养水平划分，可以根据实现目标的程度分为不合格、接近合格、合格、优秀四个等级。适合实验操作的评价要素有 13 个，其中推理论证体现在探究方案设计或者形成结论的活动中，质疑能力和科学态度、实际操作主要体现在获取、分析数据并形成结论的活动中，因此合并计分，评价要素也从 13 个合并为 9 个。其具体水平表现如表 4－3 所示。

表 4－3　评价要素及其水平层次

评价要素		水平 1	水平 2	水平 3	水平 4
1	解决问题	完全不能解决问题	接近解决问题	解决了问题	非常好地解决了问题
2	创新能力	完全没有创新	有创新但效益劣于常规方式	有创新且效益与常规方式接近	有创新且效益优于常规方式

续上表

评价要素		水平1	水平2	水平3	水平4
3	问题界定	对现象不能提出与物理有关的问题	对现象能提出与物理有关的问题但可探究性不强	能提出可探究的物理问题	能提出可探究的物理问题并做出合理假设
4	探究方案	不能提出可行的探究方案	在指定器材的基础上设计可行的探究方案	不指定器材，能设计可行的探究方案	不指定器材，能设计简单可靠的探究方案
5	实际操作、获取数据	大部分操作不正确，无法得到准确的数据	操作基本正确，读数、记录不太规范	操作、读数基本正确，数据记录客观真实	操作、读数规范，数据记录客观真实
6	分析数据、形成结论	不能正确地使用数据，得到错误结论	不能正确地分析处理数据，但得到基本正确的结论	能正确分析处理数据，发现规律，得到基本正确的结论	能科学规范地分析处理数据，发现规律，合乎逻辑地形成正确结论
7	误差分析	不知道进行误差分析	知道数据存在哪些误差，不能对误差原因进行基本正确的分析	知道数据存在哪些误差，并能对误差原因进行基本正确的分析	知道数据存在哪些误差，并能对误差原因进行全面、正确的分析
8	交流反思	不能写出基本合格的实验报告	能写实验报告，简单陈述实验过程与结果	能写实验报告，用科学语言完整规范陈述实验过程与结果，进行误差分析	能写实验报告，用科学语言完整规范陈述实验过程与结果，进行误差分析，并提出改进方案或拓展实验
9	社会责任	实验结束没有整理器材	实验结束能简单整理器材	实验结束能较好地整理器材	实验结束能规范地整理器材，清理实验场地

（三）评价方式设计与样例

用于核心素养评价的实验操作，可以细分为直接观察、直接测量、实验探究、问题解决四类。在进行实验操作考查时，教师首先向考生说明考试规则，要求考生按照指令要求进行操作。

1. 直接观察类评价测试设计与样例

直接观察类评价测试是指由教师操作演示，学生进行观察并提出问题，并对观察结果进行原因猜想或解释的一种测试方式。直接观察类实验可以考查学生的问题界定水平，包括“分析相关事实，提出并准确表述可探究的物理问题，做出有依据的假设”等方面。下面以观察光电效应实验为例进行说明。

试题：请认真观察实验现象。(1) 描述观察到的现象并做出解释；(2) 请根据所观察到的现象，提出至少一个可探究的问题，并提出探究方法。请在答题纸上作答。

教师的行为包括：

(1) 介绍实验器材：毛皮，橡胶棒，验电器（介绍验电器指针与连杆材质为铝），白光灯，紫外灯。

(2) 提醒学生注意观察，然后进行如下操作：用毛皮摩擦几次橡胶棒，然后用橡胶棒接触验电器金属球。用白光照射验电器内部指针与连杆部分约 30 秒，然后用紫外灯照射验电器内部指针与连杆部分约 30 秒。

教师评价方法：观察学生行为，评阅答题纸上学生的答题内容。

具体评价设计说明如表 4－4 所示。

表 4－4　直接观察类实验“观察光电效应现象”考查学生物理核心素养水平评价设计

评价要素		学生行为	实例	水平
问题界定	1. 描述观察到的现象并做出解释；[现象 (1)：橡胶棒使指针张开角度；现象 (2)：白光照射时指针角度没有变化；现象 (3)：紫外灯照射时指针角度变小]	有不完整描述，不能做出正确解释	紫外灯照射时，指针会动	水平 1
		有较完整描述，不能做出正确解释	白光照射时指针不动，紫外灯照射时指针夹角变小	水平 2
		有不完整描述，能做出正确解释	紫外灯照射时，指针夹角变小，因为发生了光电效应，指针部分有电子飞出，负电荷减少	水平 3
		有较完整描述，能作出正确解释	白光照射时指针不动，紫外灯照射时指针夹角变小。因为白光的频率小于铝的截止频率，不能发生光电效应，而紫外线的频率大于等于铝的截止频率，能发生光电效应，指针部分有电子飞出，负电荷减少	水平 4

续上表

评价要素		学生行为	实例	水平
问题界定	2. 请根据所观察到的现象，提出至少一个可探究的问题，并提出探究方法	提出的问题与本实验相关性不大，可探究性不强	紫外灯发出的这个淡蓝色光线是紫外线吗？	水平 1
		提出的问题与本实验相关，可探究性不强	验电器上铝片里飞出的电子跑到哪里去了？	水平 2
		提出的问题与本实验相关，有可探究性，但探究方法不清晰	用蓝色光照射验电器可以发生光电效应吗？探究方法：使验电器带上电，然后用蓝色灯光照射，看指针是否变化	水平 3
		提出的问题与本实验相关，有可探究性，且探究方法清晰	用蓝色光照射验电器可以发生光电效应吗？探究方法：用毛皮摩擦几次橡胶棒，然后用橡胶棒接触验电器金属球，使验电器带上负电，然后用蓝色灯光照射，看指针是否变化	水平 4

2. 直接测量类评价测试设计与样例

直接测量类评价测试是指由教师提出测量任务并提供实验器材，学生进行实际操作，并记录数据处理测量结果的一种测试方式。直接测量类实验可以考查学生的获取数据、社会责任等方面的素养水平。以“用螺旋测微器测量金属丝的直径”为例，教师提供的器材有：螺旋测微器，一米长的金属丝，空白纸。学生自带笔。

试题：请利用已有器材测量金属丝的直径，并将数据与测量结果写在答题纸上。

教师评价方法：观察学生行为，评阅答题纸上学生的答题内容。

具体评价设计说明如表 4－5 所示。

表 4－5　“用螺旋测微器测量金属丝的直径”考查学生物理核心素养水平评价设计

评价要素	学生行为	实例	水平
获取数据	大部分操作不正确，无法得到准确的数据	没有使用微调旋钮，没有固定螺杆就离开金属丝读数，只测量了金属丝的中间处直径	水平 1
	操作基本正确，读数、记录不太规范或错误	分别使用粗调和微调旋钮，固定螺杆读数，读数没有估读	水平 2

续上表

评价要素	学生行为	实例	水平
获取数据	操作基本正确，读数、数据记录客观真实	分别使用粗调和微调旋钮，固定螺杆读数；读数有估读，有记录	水平3
	操作、读数规范，数据记录客观真实	操作、读数动作规范；分别使用粗调和微调旋钮，固定螺杆读数；读数有估读，记录正确；分别测量了金属丝两端附近和中间处的直径，测量三次取平均值	水平4
社会责任	实验结束没有整理器材	螺旋测微器和金属丝没有整理	水平1
	实验结束能简单整理器材	螺旋测微器放入盒子里	水平2
	实验结束能较好地整理器材	螺旋测微器放入盒子里，和金属丝一起摆放整齐	水平3

3. 实验探究类评价测试设计与样例

实验探究类评价测试是指由教师提出探究任务并提供实验器材，学生进行实际操作完成任务的一种测试方式。实验探究类评价测试范畴较广，主要包含以下两种细分形式。

形式1：间接测量。间接测量类评价测试是指不能直接用测量工具测量出需要的物理量，而是需要学生设计实验方案，获取数据，分析数据进行间接测量的一种测试方式。

形式2：问题探究。问题探究类评价测试是指为了探究某个问题，学生设计探究方案，获取数据，分析数据形成结论的一种测试方式。问题探究类实验根据所给条件多少的不同，又可以分为完全探究和不完全探究两种。完全探究是一种自由度最大的问题探究，以“探究毛细现象显著程度与哪些因素有关”为例。不完全探究是指已经给出部分探究基础，只需要学生在此基础上继续进行实验探究就可以完成任务的探究，是一种自由度稍小的问题探究，以“探究毛细现象显著程度与细管粗细的关系”为例。

间接测量类实验和问题探究类实验均考查了学生实验方案设计、获取数据、分析数据形成结论、误差分析、交流反思等方面的素养水平，也可以体现创新能力和社会责任等方面的素养水平。

下面以“探究毛细现象显著程度与哪些因素有关”为例进行评价测试设计，具体评价设计说明如表4－6所示。

试题：请在实验台上已有器材中选用合适的器材，设计实验方案并进行实际操作，探究毛细现象显著程度与哪些因素有关，并填写实验报告表格中各项目内容。毛细现象显著程度可以用细管内外液面高度差来表示。请至少进行两个因素的探究。（说明：如果不能自主设计实验方案，需要教师指定实验器材或给定一部分实验方案，请举手示意）

教师评价方法：观察学生行为，评阅实验报告。［实验报告包括实验目的（已给出）、猜想、选用器材、实验方法、步骤、数据记录、结论］

表 4－6　“探究毛细现象显著程度与哪些因素有关”考查学生物理核心素养水平评价设计

评价要素	学生行为	实例	水平
探究方案	不能提出可行的探究方案	学生的实验方案不能实现探究目的	水平 1
	在指定使用实验器材的基础上设计可行的探究方案	学生求助后，教师提供不同粗细的玻璃管后，学生能够通过实验操作观察不同玻璃管内外液面高度差	水平 2
	不指定实验器材，能设计简单可行的探究方案	学生自主选择器材，通过实验操作，观察了其他条件相同、玻璃管粗细不同时，玻璃管内外的液面高度差	水平 3
	不指定实验器材，能设计完整且简单可行的探究方案	学生自主选择器材，通过实验操作，分别观察了玻璃管粗细不同和液体温度不同两种条件下，玻璃管内外的液面高度差	水平 4
获取数据	操作不规范，或没有对实验结果做记录	验证玻璃管的粗细对毛细现象显著性的影响时，玻璃管插入方向不一致，没有垂直玻璃管观察，没有及时记录实验结果	水平 1
	操作不规范，没有控制其他条件相同，对实验定性结果做了记录	验证玻璃管的粗细对毛细现象显著性的影响时，玻璃管插入深度不一致，没有垂直玻璃管观察，及时记录实验结果	水平 2
	操作规范，没有控制其他条件相同，对实验定性结果做了记录	验证玻璃管的粗细对毛细现象显著性的影响时，玻璃管插入深度不一致，垂直玻璃管观察，及时记录实验结果	水平 3
	操作规范，控制其他条件相同，对实验定性结果做了记录	验证玻璃管的粗细对毛细现象显著性的影响时，玻璃管插入深度和方向都一致，使用同一杯水，垂直玻璃管观察，及时记录实验结果	水平 4

续上表

评价要素	学生行为	实例	水平
分析数据、形成结论	不能根据实验结果得出正确的相关结论	玻璃管插入越浅，毛细现象越明显	水平 1
	能根据实验结果得出部分正确的相关结论	玻璃管内径越细，毛细现象越明显	水平 2
	能根据实验结果得出完整的正确的相关结论	毛细现象显著程度与玻璃管的粗细和液体温度有关，玻璃管越细，温度越高，毛细现象越明显	水平 3
交流反思	不能写出基本合格的实验报告	实验报告主要项目缺失	水平 1
	能写实验报告，简单陈述实验过程与结果	猜想、实验方法、实验步骤等内容不完整，或实验数据没有列表记录，结论表达不准确	水平 2
	能写实验报告，用科学语言完整规范陈述实验过程与结果	猜想、实验方法、实验步骤等内容完整，实验数据有列表记录，结论表达准确	水平 3
社会责任	实验结束没有整理器材	实验结束没有整理器材	水平 1
	实验结束能简单整理器材	玻璃管、温度计、水槽等放回原处	水平 2
	实验结束能较好地整理器材	把玻璃管、温度计、水槽等洗干净放回原处，把桌面的水擦干	水平 3
创新能力	没有创新的实验方案或方法	只能提出毛细现象显著性与细管粗细可能有关的猜想	水平 1
	有创新性但没有优于常规方案的做法	能提出细管粗细之外的其他因素的猜想，或者有其他创新之处	水平 2

4. 问题解决类评价测试设计与样例

问题解决类评价测试是指由教师提出问题并提供学生实验室常见器材与工具，学生对问题进行分析并实际操作解决问题的一种测试方式。问题解决类评价测试中的问题，主要来源于生活和学习中与物理知识有关的任务或问题，比如小制作、演示、电路故障排除等。问题解决类评价测试主要评价学生问题解决、创新能力、科学态度等方面的素养水平。下面以“电路故障检查与排除”为例进行说明。

试题：实验台上的电路在开关闭合后灯泡不亮，请利用实验台上已有器材和工具（如果没有可以向教师提出借实验室其他器材或工具），检测电路故障，在不改变原有电路结构的基础上尽可能低成本地排除故障、修复电路，并将检查出的故障原因写在答题纸上。

教师提供的器材有：两节干电池供电的串联电路，高中物理实验室电路相关常见器材与工具，答题纸。学生自带笔。

教师评价方法：观察学生行为，评阅答题纸上学生的答题内容。

具体评价设计说明如表4－7所示。

表4－7　“电路故障检查与排除”问题解决考查学生物理核心素养水平评价设计

评价要素	学生行为表现	实例	水平
问题解决	完全不能解决问题	没有修复电路	水平1
	解决了问题	修复了电路，但有不必要的操作	水平2
	高效地解决了问题	低成本地修复了电路	水平3
获取数据	操作不规范，没有得到正确数据	利用电压表或多用电表测量电压，或者利用多用电表测量电阻，但选量程或接线等出现错误	水平1
	操作不规范，但得到基本正确的数据	利用多用电表测电阻，但倍率选择不当，得到误差稍大的数据	水平2
	操作规范，得到正确的数据	利用多用电表测电阻，倍率选择合理，操作正确，得到较准确的数据	水平3
分析数据形成结论	没有形成正确结论	无法正确解释灯泡不亮的原因	水平1
	根据数据形成部分正确的结论	能根据检查结果部分正确地解释灯泡不亮的原因	水平2
	根据数据形成较完整的正确结论	能根据检查结果正确地解释灯泡不亮的原因	水平3
社会责任	实验结束没有整理器材	仅断开开关没有拆除电路	水平1
	实验结束能简单整理器材	拆除了电路大致摆放整齐，多用电表表笔没有拔出	水平2
	实验结束能较好地整理器材	规范地拆除电路与整理实验器材，且摆放整齐	水平3

（四）探索展望

由表4－1和表4－2可知，基于实验操作的物理核心素养评价要素，与物理核心素养中的科学探究方面吻合度最高。目前对科学探究素养评价的研究已经有了一定的发展，如张国平老师对科学探究各要素的水平要求进行细化，按照问题要素、证据要素、解释要素和交流要素四个方面制定了评价细则。① 然而目前对科学探究素养的评价研究大多集中在纸笔测试的实验题设计上，部分涉及实验操作但缺乏具体的可操作的评价实施方法。基于实验操作的核心素养评价探索不局限于科学探究素养的评价和实验题的纸笔测试，在实验操作的试题命制、考试组织、考试评分、考场设置与后勤保障等方面还需要进行深入具体的探索与实践。

高中物理拓展型作业除了直接观察类、测量类、探究类的实验操作的学习活动适合用于学生核心素养评价外，其余类型如制作类、演讲与写作类也能一定程度地反映学生的核心素养水平。

① 胡振欢，许桂清．基于科学探究评价框架的高中物理实验操作试题开发探讨［J］．物理教师，2022（10）：49－53．

第五章

高中物理各模块拓展型作业的主题设计

根据学生群体与教学的需要，本章将拓展型作业主题分为四种情况，对应四个实施路径，也对应着不同的教学目标与评价方式，形成高中物理拓展型作业体系，如图 5－1 所示。

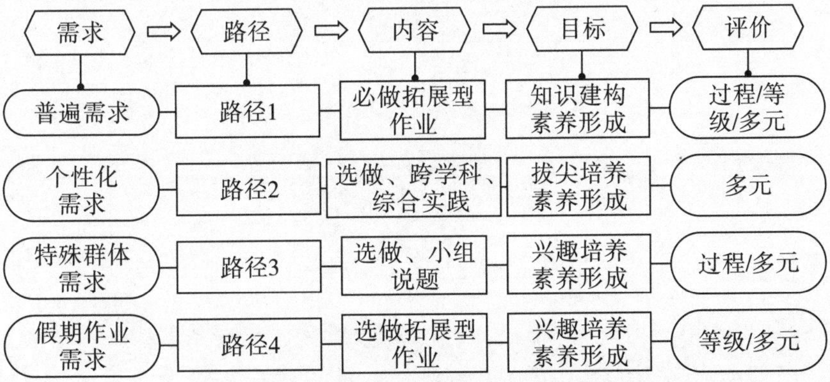

图 5－1

第 1 节 机械运动与物理模型

一、知识点与简要教学设计

表 5－1　本节知识点与简要教学设计

序号	知识点	简要教学设计与作业形式
1	质点、时间与时刻、位移与路程	创设情境导入→启发式教学→课堂练习 【作业】常规作业
2	速度—时间图像、位移—时间图像表示速度	创设情境导入→概念建构→概念表征→课堂练习 【作业】常规作业
3	实验：用打点计时器记录运动信息，用光电门测量瞬时速度	电火花打点计时器的使用→记录小车的运动信息→用光电门测小车的瞬时速度 【作业】常规作业：实验数据处理
4	加速度（平均加速度→瞬时加速度→匀变速直线运动的定义）、速度—时间图像	创设情境导入→概念建构→概念表征→课堂练习 【作业】常规作业 拓展型作业主题 1：观察生活中的变速运动
5	探究匀变速直线运动的规律（位移公式、平均速度公式）	理论探究→位移公式→平均速度公式→课堂练习 【作业】常规作业 拓展型作业主题 2：利用光电门验证匀变速直线运动的位移公式或平均速度公式
6	匀变速直线运动规律的理解与描述（其他公式、图像等）	理论探究→课堂练习 【作业】常规作业 拓展型作业主题 3：物块在斜面上下滑是否为匀变速直线运动（多种方法）

续上表

序号	知识点	简要教学设计与作业形式
7	探究自由落体运动的性质	实验探究→概念建构→课堂练习 【作业】常规作业 拓展型作业主题4：质量相同、形状不同的物体做落体运动的加速度有何特点 拓展型作业主题5：制作一把测量反应时间的量尺
8	了解亚里士多德关于力与运动的主要观点和研究方法；了解伽利略关于自由落体运动的研究及其对科学发展的意义	讲授→启发式学习 【作业】拓展型作业主题6：伽利略关于自由落体运动的研究及其对科学发展的意义
9	追及问题与行车安全	启发式学习→自主学习 【作业】常规作业
10	复习	拓展型作业主题7：追及问题自编习题

二、本节拓展型作业主题统计

表5－2　本节拓展型作业主题统计表

序号	对应知识点	拓展型作业主题	类别	位置	必/选做	路径
1	加速度，速度—时间图像	拓展型作业主题1：观察生活中的变速运动	观察	课前	选做	路径3
2	探究匀变速直线运动的规律（位移公式、平均速度公式）	拓展型作业主题2：利用光电门验证匀变速直线运动的位移公式或平均速度公式	验证实验	课后	选做	路径2
3	匀变速直线运动规律的理解与描述（其他公式、图像等）	拓展型作业主题3：实验探究物块在斜面上的下滑是否为匀变速直线运动（多种方法）	探究实验	课后	必做	路径1
4	探究自由落体运动的性质	拓展型作业主题4：实验探究质量相同、形状不同的物体做落体运动的加速度有何特点	探究实验	课前 课后	必做	路径1
		拓展型作业主题5：制作一把测量反应时间的量尺	制作类	课后	选做	路径1/3

续上表

序号	对应知识点	拓展型作业主题	类别	位置	必/选做	路径
5	物理学史——力与运动的研究	拓展型作业主题6：伽利略关于自由落体运动的研究及其对科学发展的意义	主题演讲	课前 课后	必做	路径1/3
6	复习	拓展型作业主题7：追及问题自编习题	自编习题	课后	选做	路径1

【备注】：（书中提到的四个路径，其他地方不再备注）

路径1：在全班教学中布置必做拓展型作业

路径2：在学生社团中布置选做的动手操作类拓展型作业

路径3：在假期留校学生中布置选做的趣味性与基础性的拓展型作业

路径4：寒暑假在物理班全体学生中开展高中物理拓展型作业竞赛

三、本节拓展型作业任务说明与支持

拓展型作业主题1：观察生活中的变速运动

拓展型作业主题2：利用光电门验证匀变速直线运动的位移公式或平均速度公式

【作业说明与支持】

（1）问题提示：在课堂上，匀变速直线运动的位移公式 $s = v_0 t + \frac{1}{2}at^2$ 是通过微元法与速度—时间图像推导出来的，平均速度公式 $\bar{v} = \frac{v_0 + v_t}{2}$ 也是由位移公式与速度公式推导而来，或者由速度—时间图像与时间轴围成的面积表示位移推导而来。这两个公式是否完全符合客观事实呢？这还需要通过实验进行验证。

（2）作业过程提示：首先需要测量待研究的运动过程是否为匀变速直线运动，然而在当前只学习了加速度定义式、速度公式与位移公式、平均速度公式的情况下，后面两个公式还需要进一步验证，我们该如何判断一个运动过程是否为匀变速直线运动呢？答案是通过实验测量完成这个判断的工作。设计实验验证匀变速直线运动的位移公式 $s = v_0 t + \frac{1}{2}at^2$ 或者平均速度公式 $\bar{v} = \frac{v_0 + v_t}{2}$，两个公式二选一，找出需要测量的物理量，并设计每个物理量的测量方案。包括如何测量初速度 v_0、加速度、位移和时间，如何进行多次测量。设计好实验方案后，要设计数据记录表格。

（3）完成条件：本实验需要申请实验室，每个小组在规定时间前提交实验设计给老师，老师检查可行后进行登记，统一由老师申请实验室场地与器材的使用时间。

（4）作业提交形式：本次作业要提交实验器材和装置照片、实验过程视频，以及学案。

拓展型作业主题3：实验探究物块在斜面上的下滑是否为匀变速直线运动（多种方法）

【作业说明与支持】

（1）问题提示：一个木块或铁块在斜面上下滑的运动是否为匀变速直线运动呢？如何判断一个运动是不是匀变速直线运动呢？

（2）作业过程提示：当前我们已经学习过的关于匀变速直线运动的规律有哪些？请根据所学知识，设计实验方案，确定要测量的物理量，设计好数据记录表格，并确定数据处理方法。

（3）完成条件：每个小组在规定时间前提交实验设计给老师，需要申请实验室的请在实验设计上注明，老师检查可行后进行登记，由老师统一申请实验室场地与器材。

（4）作业提交形式：本次作业要提交实验器材和装置照片、实验过程视频以及学案。

拓展型作业主题4：实验探究质量相同、形状不同的物体做落体运动的加速度有何特点

【作业说明与支持】

（1）问题提示：本次拓展型作业要求探究质量相同，形状分别为球形、薄饼形、正方体形的物体，在做落体运动时加速度有什么不同。

（2）作业过程提示：用什么方式可以比较不同落体运动的加速度呢？直接把不同落体运动的加速度测量出来，还是用其他方式呢？请根据所学知识，设计实验方案，确定要测量的物理量，设计数据记录表格，并确定如何比较不同落体运动的加速度。

（3）完成条件：如果实验方案需要用到实验室，或者需要从实验室借用实验器材，请在实验设计上注明，老师检查可行后进行登记，由老师统一向实验室申请。

（4）作业提交形式：本次作业要提交实验器材和装置照片、实验过程视频以及学案。

拓展型作业主题5：制作一把测量反应时间的量尺

【作业说明与支持】

（1）问题提示：人的反应时间就是人从发现某事物到采取行动的时间。如何用一把尺子测量人的反应时间呢？

（2）作业过程提示：本次作业可以根据自由落体运动的知识测量一段时间。教师可以在教室用一把尺子或一根木条演示如何粗略测量人的反应时间，让学生明白作业的最终结果可以通过手指夹住的这个木条上的对应刻度进行直接读数，得到反应时间测量值。展示学案，通过问题让学生理解学案中的各项要求。例如，依据什么物理规律（原理）来确定尺子上的反应时间的刻度数？如何确定0.1 s的反应时间所对应的刻度线应该画在尺子上的哪个位置？刻度数是否均匀？制作这把反应量尺需要哪些步骤？每个步骤需要哪些材料和必备工具？

（3）完成条件：本次拓展型作业可以在家或学校完成。

（4）作业提交形式：本次作业要提交制作的反应量尺成品，拍摄制作材料、工具、作品的图片以及使用反应量尺的演示视频，学案完成后上交。

拓展型作业主题6：伽利略关于自由落体运动的研究及其对科学发展的意义

【作业说明与支持】

（1）问题提示：伽利略是近代科学的奠基人之一。伽利略关于落体运动的研究尤其是其研究方法对科学发展具有重大的意义。除了课本上的相关科学史实外，伽利略对自由落体运动的研究具体过程与方法是怎样的呢？他的研究对科学发展有着怎样的意义呢？

（2）作业过程提示：可以通过图书馆查阅相关物理学史、科学史的资料，也可以上网查找相关资料。注意，不可使用语言大模型类型的人工智能，这类工具不一定能得到真实的资料。要从具体的专门网站查到资料，并将资料来源记录下来，学会写参考文献。参考文献的格式可以通过网络搜索得到。小组内可以分工合作，先搜集资料再制作课件，在班上演讲展示，也可以制作成视频或自媒体图文。

（3）完成条件：本次作业可以周末在家完成，需要用到电脑。

（4）作业提交形式：每个小组提交学案与课件，制作了视频或自媒体图文的可以提交视频或自媒体图文，上传到网络的可以提交网络链接地址。

四、拓展型作业“自编习题”任务内容与命题组件

（一）任务内容

（1）回忆本章主要知识点，并默写出来。

加速度定义式；速度公式；位移公式；速度与位移的关系式；平均速度公式；逐差法公式。

（2）此类问题常用解题方法。

分析步骤：根据题意画出位置变化示意图，根据速度大小和方向分析两者的距离如何变化。

常用方法：作位置示意图、速度—时间图像辅助分析。

常用关系为：位移关系、时间关系。

（3）根据下列命题组件，至少选择三个要素（一个环境要素与两个对象或两个环境要素与一个对象）编一道物理题。设置条件与问题时，可以先设置条件，从一个条件开始，分析可以得出哪些结论；然后再加一个条件，分析可以得出哪些结论；最后设置合适的条件与问题，组成一道计算题。有能力的同学可以选择四个要素命题。

（4）小组内交换解答自编计算题，看题目是否合理。

（二）“追及问题自编习题”命题组件

表 5-3 “追及问题自编习题”命题组件

研究对象	环境	条件与问题
车	平直公路上	初状态（位置、速度、动量、能量）
A 车与 B 车	水平面（粗糙或光滑）	末状态（位置、速度、动量、能量）
滑块	倾斜导轨或斜面（粗糙或光滑）	时间
滑块 A 与滑块 B	电场	位置或距离
带电滑块 A	匀强磁场	动摩擦因数
其他	其他	对象质量
		对象电荷量
		电场强度
		磁感应强度
		其他

第 2 节

相互作用与运动定律

一、知识点与简要教学设计

表 5－4　本节知识点与简要教学设计

序号	知识点	简要教学设计与作业形式
1	力的一般描述、重力	创设问题情境导入→启发式教学→课堂练习 【作业】常规作业 拓展型作业主题 1：制作一个利用重心的玩具，如“不倒翁”
2	弹力	创设情境导入→弹力概念建构→胡克定律实验探究→课堂练习 【作业】常规作业 拓展型作业主题 2：橡皮筋的力学表现符合胡克定律吗？
3	摩擦力	创设情境导入→启发式教学静摩擦力的特点→滑动摩擦力实验探究→课堂练习 【作业】常规作业 拓展型作业主题 3：测量动摩擦因数
4	牛顿第三定律	创设情境导入→启发式教学概念建构→实验探究→课堂练习 【作业】常规作业
5	力的合成与分解	创设情境导入→启发式教学概念建构→实验探究→课堂练习 【作业】常规作业
6	共点力平衡	创设情境导入→概念建构→理论探究（或实验探究）→课堂练习 【作业】常规作业 拓展型作业主题 4：观察与分析生活中的共点力平衡

续上表

序号	知识点	简要教学设计与作业形式
7	牛顿第一定律	物理学史分享交流或讲授→实验演示→启发式教学→课堂练习 【作业】常规作业 拓展型作业主题5：人类对力与运动的关系的探索
8	牛顿第二定律	实验探究→启发式教学→课堂练习 【作业】常规作业 拓展型作业主题6：制作一个可以测量直线运动加速度的简易装置
9	失重与超重	创设情境导入→概念建构→实验探究与体验→启发式教学→课堂练习 【作业】常规作业 拓展型作业主题7：利用电梯中的超重与失重现象测量电梯的加速度 拓展型作业主题8：完全失重时的奇特现象
10	力学单位	创设情境引入→概念建构→启发式教学→课堂练习→分享交流 【作业】常规作业 拓展型作业主题9：当前仍在使用的各种单位制
11	复习	拓展型作业主题10：牛顿运动定律的应用自编习题

二、本节拓展型作业主题统计

表5－5　本节拓展型作业主题统计表

序号	对应知识点	拓展型作业主题	类别	位置	必/选做	路径
1	力的一般描述、重力	拓展型作业主题1：制作一个利用重心的玩具，如“不倒翁”	制作类	课后	选做	路径3/4
2	弹力	拓展型作业主题2：橡皮筋的力学表现符合胡克定律吗？	探究实验	课后	必做	路径1
3	摩擦力	拓展型作业主题3：测量动摩擦因数	测量实验	课后	选做	路径2
4	共点力平衡	拓展型作业主题4：观察与分析生活中的共点力平衡	观察分析	课前 课后	必做	路径1/3
5	牛顿第一定律	拓展型作业主题5：人类对力与运动的关系的探索	主题演讲	课前	选做	路径1/3

续上表

序号	对应知识点	拓展型作业主题	类别	位置	必/选做	路径
6	牛顿第二定律	拓展型作业主题6：制作一个可以测量直线运动加速度的简易装置	制作类	课后	必做	路径1
7	失重与超重	拓展型作业主题7：利用电梯中的超重与失重现象测量电梯的加速度	测量实验	课后	选做	路径3
8	失重与超重	拓展型作业主题8：完全失重时的奇特现象	主题演讲	课前 课后	选做	路径2
9	力学单位	拓展型作业主题9：当前仍在使用的各种单位制	主题演讲	课前 课后	选做	路径1/3
10	复习	拓展型作业主题10：牛顿运动定律的应用自编习题	自编习题	课后	选做	路径1

三、本节拓展型作业任务说明与支持

拓展型作业主题1：制作一个利用重心的玩具，如“不倒翁”

【作业说明与支持】

（1）问题提示：这是一个关于重心的作业。以不倒翁玩具为例，要制作一个不倒翁玩具，先要了解不倒翁“不倒”的原理。请思考重心在什么位置才能使得不倒翁不倒呢？

（2）作业过程提示：除了不倒翁外，利用重心的玩具还有哪些？你见过哪些？你能否制作一个从未见过的利用重心的全新玩具呢？请尝试一下！

（3）完成条件：想好了你要做的玩具的原理后，再思考所需要的材料与工具，尽量选择在家就能找到的材料与工具。如果需要老师帮助请向老师提出。

（4）作业提交形式：本次作业要提交制作的玩具成品，所拍摄的制作材料与工具以及成品的图片，学案完成后上交。

拓展型作业主题2：橡皮筋的力学表现符合胡克定律吗？

【作业说明与支持】

（1）问题提示：胡克定律的内容是什么？是描述什么对象的物理规律？这个规律能否用于橡皮筋呢？

（2）作业过程提示：要通过实验探究橡皮筋的力学表现是否符合胡克定律，需要测量哪些物理量？这些物理量用什么工具或者什么方式测量？如何处理数据才能判断橡皮筋的力学表现是否符合胡克定律？将这些问题想明白了后写一份实验方案设计交给老师。

（3）完成条件：本次拓展型作业可以在家里完成，也可以在学校课余时间完成。如果实验方案需要用到实验室，或者需要从实验室借用实验器材，请在实验设计上注明，老师检查可行后进行登记，由老师统一向实验室申请。

（4）作业提交形式：本次作业要提交所拍摄的实验器材和装置图片，学案完成后上交。

拓展型作业主题3：测量动摩擦因数

（见第六章第2节）

拓展型作业主题4：观察与分析生活中的共点力平衡

【作业说明与支持】

（1）问题提示：什么是共点力？什么是平衡状态？什么是共点力平衡？

（2）作业过程提示：请观察生活中有哪些共点力平衡的现象，先拍好照片，再在学案中画出简化受力图并分析几个力的大小、方向关系。注意照片拍摄画面要简洁清晰，研究对象与周围环境背景对比明显，背景不要太杂乱。

（3）完成条件：本次拓展型作业可以在家完成，需要用到手机拍照。

（4）作业提交形式：本次作业要提交所拍摄的图片，学案完成后上交。

拓展型作业主题5：人类对力与运动的关系的探索

【作业说明与支持】

（1）问题提示：人类对力与运动的关系的认识经历了漫长的历史过程。本次作业需要通过查找资料了解从古代到现代人们对力和运动的关系的不同认识。要了解古代人们对物体的运动有什么规律性的认识，近代科学启蒙时期人们又是如何探索力与运动的关系的，现代物理学中人们对物体的运动有何不一样的认识。

（2）作业过程提示：可以通过图书馆查阅相关物理学史或者科学史的资料，也可以网络查找相关资料。注意，不可使用语言大模型类型的人工智能，这类工具并不能得到真实的资料。要从具体的专门网站查到资料，并将资料来源记录下来，学会写参考文献。参考文献的格式可以通过网络搜索得到。小组内可以分工合作，先搜集资料再制作课件，在班上演讲展示，也可以制作成视频或自媒体图文。

（3）完成条件：本次作业可以在家庭完成，如果学校有使用电脑与上网的条件，也可以在课余完成。

（4）作业提交形式：本次作业要提交学案与课件，制作了自媒体图文或视频的也可以提交图文与视频，已经上传到网络的可以提交链接地址。

拓展型作业主题6：制作一个可以测量直线运动加速度的简易装置

【作业说明与支持】

（1）问题提示：要制作一个测量加速度的简易装置，就要先想清楚加速度的测量原理。加速度包含在什么公式里面？为了测量加速度，这个公式中的其他物理量是否方便测量？怎么测量？根据这些思考去设计这个研究对象处于什么情境中才方便测量这些物理量。

（2）作业过程提示：想清楚测量加速度的原理后，确定需要的材料与工具，设计制作步骤。

（3）完成条件：需要的材料与工具最好是日常生活中常见的物品。本次作业可以在家里完成，也可以在学校课余时间完成。

（4）作业提交形式：本次作业要提交制作的简易装置成品，所拍摄的制作材料、工具与成品，以及装置使用的演示视频，学案完成后上交。

拓展型作业主题7：利用电梯中的超重与失重现象测量电梯的加速度

【作业说明与支持】

（1）问题提示：电梯在什么时候有加速度？电梯匀速运动时有加速度吗？测量电梯的加速度，只需要测量放在电梯里面与电梯相对静止的物体的加速度。能根据运动学公式来测量这个加速度吗？可以用哪些知识来测量？想清楚这些问题，就有了解决问题的大方向。接着要思考的是：需要测量哪些物理量？设计怎样的实验装置来测量这些物理量？思考这两个问题，就可以把实验原理理清了。

（2）作业过程提示：确定测量原理后，设计实验装置与测量步骤以及确定如何记录测量数据。

（3）完成条件：对于本次拓展型作业所需要的测量工具和场地，如果家里有体重计或家用测力计等，可以周末回家完成，找一个有直升电梯的地方测量。如果需要借用实验室测量工具，可以把需要借用的工具写在实验设计上交给老师，由老师统一向实验室借用。

（4）作业提交形式：本次作业要提交所拍摄的实验器材和装置图片以及实验过程视频，学案完成后上交。

拓展型作业主题8：完全失重时的奇特现象

【作业说明与支持】

（1）问题提示：什么样的现象就是完全失重？物体处于什么运动状态就会出现完全失重现象？

（2）作业过程提示：本次拓展型作业要求观察完全失重时有哪些奇特现象。生活中有哪些完全失重现象？如何创设完全失重的环境？要思考如何才能将这些现象拍摄清楚。

（3）完成条件：本次拓展型作业可以在家完成，要求拍摄成视频，可以用手机或相机拍摄。

（4）作业提交形式：本次作业要提交所拍摄的实验器材和装置图片以及实验过程视频，学案完成后上交。

拓展型作业主题9：当前仍在使用的各种单位制

【作业说明与支持】

（1）问题提示：回顾复习课堂上所学知识，思考：什么是单位制？国际单位制由什么组成？

（2）作业过程提示：要求通过生活观察、网络搜索等方式统计当前仍在使用的各种单位，然后将它们归纳汇总到不同单位制中。作业成果最好用表格形式，能够清晰呈现同一物理量的不同单位制单位有哪些，这些单位与国际单位制的换算关系是怎样的。每个小组的作业先写在学案上，作业上交获得反馈评价后再由老师选择做得比较好的小组作业制作成自媒体图文或者视频。

（3）完成条件：本次作业可以在家里完成，学校上网方便的学生也可以选择课余时间在学校完成。

（4）作业提交形式：本次作业每个小组要先提交学案。

四、拓展型作业“自编习题”任务内容与命题组件

（一）任务内容

（1）回忆本节解题所用到的主要知识点，并默写出来。

合力与分力的定义；平行四边形定则与三角形法则；正交分解的方法；牛顿第二定律。

（2）总结此类问题常用解题方法。

分析步骤：确定研究对象，分析受力与状态，结合已知量与要求的量根据牛顿第二定律列方程求解。

常用方法：整体法、隔离法、作图法。

常用关系：牛顿第二定律。

（3）根据下列命题组件，至少选择三个要素（一个环境要素与两个对象或两个环境要素与一个对象）编一道物理题。

设置条件与问题时，可以先设置条件，从一个条件开始，分析可以得出哪些结论；然后再加一个条件，分析可以得出哪些结论；最后设置合适的条件与问题，组成一道计算题。有能力的同学可以选择四个要素命题。

（4）小组内交换解答自编计算题，看是否合理。

（二）“牛顿运动定律的应用自编习题”命题组件

表 5－6　“牛顿运动定律的应用自编习题”命题组件

研究对象	环境	条件与问题
小球	水平面（粗糙或光滑）	初状态（位置、速度、动量、能量）
滑块	竖直面内	末状态（位置、速度、动量、能量）
木板	倾斜导轨或斜面（粗糙或光滑）	时间
轻绳	电场	位置或距离
轻杆	匀强磁场	对象质量
弹簧	传送带（水平或倾斜）	对象电荷量
车	其他	动摩擦因数
其他		电场强度
		磁感应强度
		其他

第3节 曲线运动与万有引力定律

一、知识点与简要教学设计

表5－7　本节知识点与简要教学设计

序号	知识点	简要教学设计与作业形式
1	曲线运动	创设情境导入→演示→启发式教学→课堂练习 【作业】常规作业 拓展型作业主题1：观察生活中的曲线运动
2	运动的合成与分解	创设情境导入→合运动与分运动概念建构→启发式教学→课堂练习 【作业】常规作业
3	平抛运动	创设情境导入→实验探究平抛运动的特点→启发式教学→课堂练习 【作业】常规作业 拓展型作业主题2：创新方法探究平抛运动
4	抛体运动	创设情境导入→启发式教学→课堂练习 【作业】常规作业
5	圆周运动	创设情境导入→启发式教学概念建构→课堂练习 【作业】常规作业
6	向心力与向心加速度	创设情境导入→概念建构→实验探究→课堂练习 【作业】常规作业

续上表

序号	知识点	简要教学设计与作业形式
7	生活中的圆周运动	拓展型作业主题3成果分享交流或讲授→启发式教学→课堂练习 【作业】常规作业 拓展型作业主题3：观察与分析生活中的圆周运动
8	离心现象及其应用	创设情境导入→实验探究→启发式教学→课堂练习 【作业】常规作业 拓展型作业主题4：制作一个小型甩干机
9	天体的运动	创设情境导入→讲授法（或拓展型作业主题5成果分享交流）→启发式教学→课堂练习 【作业】常规作业 拓展型作业主题5：人类对天体运动规律的探索历程
10	万有引力定律	创设情境引入→启发式教学→课堂练习 【作业】常规作业
11	万有引力定律的应用	创设情境导入→启发式教学→课堂练习 【作业】常规作业 拓展型作业主题6：设计一个太空实验
12	宇宙速度与航天	拓展型作业主题7：我国航天事业的发展历程和当前世界航天前沿进展
13	复习	拓展型作业主题8：以平抛运动为主要过程的自编习题

二、本节拓展型作业主题统计

表5－8　本节拓展型作业主题统计表

序号	对应知识点	拓展型作业主题	类别	位置	必/选做	路径
1	曲线运动	拓展型作业主题1：观察生活中的曲线运动	实验验证	课后	必做	路径1
2	平抛运动	拓展型作业主题2：创新方法探究平抛运动	实验探究	课后	选做	路径2
3	生活中的圆周运动	拓展型作业主题3：观察与分析生活中的圆周运动	观察分析	课前/课后	必做	路径1
4	离心现象及其应用	拓展型作业主题4：制作一个小型甩干机	制作类	课后	选做	路径3

续上表

序号	对应知识点	拓展型作业主题	类别	位置	必/选做	路径
5	天体的运动	拓展型作业主题5：人类对天体运动规律的探索历程	主题演讲/图文写作	课前/课后	选做	路径1/路径3
6	万有引力定律的应用	拓展型作业主题6：设计一个太空实验	实验设计	课后	选做	路径2
7	宇宙速度与航天	拓展型作业主题7：我国航天事业的发展历程和当前世界航天前沿进展	主题演讲/图文写作	课后	必做	路径1/路径3
8	复习	拓展型作业主题8：以平抛为主要过程的自编习题	自编习题	课后	选做	路径1

三、本节拓展型作业任务说明与支持

拓展型作业主题1：观察生活中的曲线运动

【作业说明与支持】

（1）问题提示：生活中常见的曲线运动有哪些？

（2）作业过程提示：请在日常生活中留意你身边物体的运动有哪些是曲线运动，并判断其运动方向。如果方便拍照或录视频，最好将曲线运动过程记录下来。

（3）完成条件：本次拓展型作业可以个人在周末或在学校课余时间完成。

（4）作业提交形式：本次作业要提交拍摄的曲线运动，并提交学案。

拓展型作业主题2：创新方法探究平抛运动

【作业说明与支持】

（1）问题提示：课堂上探究平抛运动的演示实验的实验原理是什么？如何探究平抛运动两个分运动的运动规律？还有哪些新方法可以用来判断平抛运动的两个分运动的运动性质和规律？

（2）作业过程提示：小组讨论上述问题后，拟定探究平抛运动两个分运动的运动性质和规律的新方法，设计实验装置和实验步骤，确定要测量哪些物理量以及如何测量这些物理量，设计好数据记录表格。

（3）完成条件：对于本次拓展型作业所需要的实验器材和场地，如果需要借用，可以把需要借用的工具写在实验设计上交给老师，如果老师认为可行，可以由老师统一向实验室借用。

（4）作业提交形式：本次作业要提交所拍摄的实验器材和装置的图片，及完成的学案。

拓展型作业主题3：观察与分析生活中的圆周运动

【作业说明与支持】

（1）问题提示：观察到生活中的某个圆周运动后，我们可以做哪些分析呢？

（2）作业过程提示：拍摄生活中观察到的圆周运动，并在学案上画图，分析其受力情况，说明提供向心力的对象。

（3）完成条件：本次拓展型作业可以在家里完成，要用到手机拍摄。

（4）作业提交形式：本次作业要提交所拍摄的圆周运动的图片或短视频，及完成后的学案。

拓展型作业主题4：制作一个小型甩干机

【作业说明与支持】

（1）问题提示：甩干机是利用离心运动工作的，那么甩干机把水甩干的具体原理是怎样的呢？

（2）作业过程提示：想清楚甩干机的工作原理后，画出简要结构图，设计好制作步骤，再去找零部件。要特别注意安全，电动机不能直接接家用 220 V 的电源，要用类似于手机充电器这样的降压设备降压，或者直接用干电池或充电电池供电。

（3）完成条件：本次拓展型作业可以在家里完成，建议用废旧玩具或家用电器（如电动剃须刀）中的电动机。

（4）作业提交形式：本次作业要提交小型甩干机成品、成品试用过程视频、零部件、工具和成品的照片，以及完成的学案。

拓展型作业主题5：人类对天体运动规律的探索历程

【作业说明与支持】

（1）问题提示：除了物理课堂上学习的开普勒第三定律与万有引力定律，人类对天体的运动规律的探索还有哪些呢？人类从什么时候开始探索天体运动的规律？

（2）作业过程提示：要求通过查阅图书资料、网络搜索等方式了解从古到今人类对天体运动规律的探索历程，所有资料要记录下参考文献。每个小组要将搜集到的资料整理成条理清楚的图文，制作成课件、自媒体图文或者视频。

（3）完成条件：本次作业可以在家里完成，学校上网方便的学生也可以课余时间在学校完成。

（4）作业提交形式：本次作业除了提交学案外，还要提交课件、图文或视频，已经上传到网络的提交网址。

拓展型作业主题6：设计一个太空实验

【作业说明与支持】

（1）问题提示：太空环境与地球表面有什么不同？如果模拟在太空做实验可以在什么设施中做？这些设施的环境有什么特点？

（2）作业过程提示：首先要想清楚利用太空的特殊环境要实现的实验目的。确定实验目的后，先思考所要运用的物理知识或者原理，再选取合适的研究对象，最后设计实验方案。

（3）完成条件：本次拓展型作业是一个实验设计，可以小组合作讨论，在学校课余时间完成。

（4）作业提交形式：本次作业要提交完成的学案。

拓展型作业主题7：我国航天事业的发展历程和当前世界航天前沿进展

（见第六章第3节）

四、拓展型作业“自编习题”任务内容与命题组件

（一）任务内容

（1）回忆本节解题所用到的主要知识点，并默写出来。

平抛运动水平方向是什么运动？____________________。

平抛运动竖直方向是什么运动？____________________。

求速度的公式：____________________。

求位移的公式：____________________。

（2）总结此类问题常用解题方法。

分析步骤：确定研究对象，分析受力情况与运动状态，如果判断是平抛运动则用正交分解法，根据已知与要求的物理量列方程。

常用方法：正交分解法、作图法。

常用关系：时间关系、位移关系、自由落体运动的公式、匀速直线运动的公式、正交分解中的三角函数关系等。

（3）根据下列命题组件，至少选择三个要素（一个环境要素与两个对象或两个环境要素与一个对象）编一道物理题。

设置条件与问题时，可以先设置条件，从一个条件开始，看可以求出哪些物理量；然后再加一个条件，看可以求出哪些物理量；最后设置合适的条件与问题，组成一道计算题。有能力的同学可以选择四个要素命题。

（4）小组内交换解答自编计算题，看是否合理。

（二）“以平抛运动为主要过程的自编习题”命题组件

表5－9　“以平抛运动为主要过程的自编习题”命题组件

研究对象	环境	条件与问题
小球	空中（忽略空气阻力）	初状态（位置、速度、动量、能量）
小滑块	竖直墙壁、斜坡、水平地面、地面上的坑等	末状态（位置、速度、动量、能量）
其他	其他	对象质量
		其他

第4节
机械能及其守恒定律

一、知识点与简要教学设计

表5－10　本节知识点与简要教学设计

序号	知识点	简要教学设计与作业形式
1	功	创设问题情境导入→启发式教学→课堂练习 【作业】常规作业
2	功率	创设情境导入→启发式教学→课堂练习 【作业】常规作业
3	动能与动能定理	创设情境导入→实验探究平抛运动的特点→启发式教学→课堂练习 【作业】常规作业
4	势能	创设情境导入→启发式教学概念建构→课堂练习 【作业】常规作业 拓展型作业主题1：设计实验研究弹簧拉伸与压缩相同长度时储存的弹性势能是否相等
5	机械能守恒定律	创设情境导入→理论探究→实验验证→课堂练习 【作业】常规作业 拓展型作业主题2：设计不同于课本已有的实验方案来验证机械能守恒定律 拓展型作业主题3：探究橡皮筋或弹簧的弹性势能与形变量的定量关系
6	复习	拓展型作业主题4：涉及功能关系的多过程问题自编习题

二、本节拓展型作业主题统计

表 5 – 11　本节拓展型作业主题统计表

序号	对应知识点	拓展型作业主题	类别	位置	必/选做	路径
1	势能	拓展型作业主题 1：设计实验研究弹簧拉伸与压缩相同长度时储存的弹性势能是否相等	实验验证	课后	选做	路径 3
2	机械能守恒定律	拓展型作业主题 2：设计不同于课本已有的实验方案来验证机械能守恒定律	实验验证	课后	选做	路径 3
3		拓展型作业主题 3：探究弹簧的弹性势能与形变量的定量关系	实验探究	课后	选做	路径 2
4	复习	拓展型作业主题 4：涉及功能关系的多过程问题自编习题	自编习题	课后	选做	路径 1

三、本节拓展型作业任务说明与支持

拓展型作业主题 1：设计实验研究弹簧拉伸与压缩相同长度时储存的弹性势能是否相等

【作业说明与支持】

（1）问题提示：弹性势能不能直接测量，可以通过什么形式间接测量呢？弹性势能转化为动能，这个动能也不能直接测量，如何间接测量这个动能呢？注意实验目的，这个能量一定要测量出具体多少吗？

（2）作业过程提示：根据上述问题的思考，确定实验原理，再选取合适的研究对象，设计实验方案，并进行实际探究。

（3）完成条件：实验的器材建议找生活中易得的材料与工具。弹簧可以由物理老师提供（统一购买或向实验室借用），如果还需要向实验室借用其他器材或使用场地，就在实验设计上注明，由物理老师统一向实验室申请。如果除了弹簧外不需要再借其他器材，可以在学校课余时间完成或自己在家里完成。

（4）作业提交形式：本次作业要提交拍摄的实验器材和装置的图片、实验过程视频，以及完成的学案。

拓展型作业主题 2：设计不同于课本已有的实验方案来验证机械能守恒定律

【作业说明与支持】

（1）问题提示：课本上验证机械能守恒定律的实验方案是怎样的？课本上的实验方案有什么不足？如果要加入弹性势能的变化，如何验证机械能守恒定律？

（2）作业过程提示：根据上述问题的思考，设计不同于课本的实验方案验证机械能守恒定律。先确定实验原理，明确机械能内三种能量的转化过程；再选择研究对象，设计其运动过程，明确在哪些位置测量哪些物理量，如何测量这些物理量；最后进行数据处理，要能根据结果判断机械能是否守恒。

（3）完成条件：实验的器材建议找生活中易得的材料与工具。如果需要向实验室借用其他器材或使用场地，就在实验设计上注明，由物理老师统一向实验室申请。

（4）作业提交形式：本次作业要提交拍摄的实验器材和装置的图片、实验过程视频，以及完成的学案。

拓展型作业主题3：探究弹簧的弹性势能与形变量的定量关系

【作业说明与支持】

（1）问题提示：弹簧在什么情况下会储存弹性势能呢？弹簧的形变量越大储存的弹性势能越多，那么弹性势能的多少具体与什么因素有关呢？要研究弹性势能与形变量之间的定量关系需要控制哪些变量不变呢？

（2）作业过程提示：要设计一个弹簧的变化过程，测量出这个变化过程中的弹性势能与形变量。弹性势能无法直接测量，要思考如何进行间接测量。根据这些思考的答案，就可以确定实验器材、设计实验方案。最后的数据处理，可以通过猜想与尝试寻找弹性势能与形变量之间的数量关系，也可以使用电脑表格软件进行数据处理，得到拟合公式。

（3）完成条件：本次作业如果需要向实验室借用其他器材或使用场地，就在实验设计上注明，由物理老师统一向实验室申请。也可借实验器材在教室里利用课余时间完成作业。

（4）作业提交形式：本次作业要提交拍摄的实验器材和装置的图片、实验过程视频，以及完成的学案。

四、拓展型作业“自编习题”任务内容与命题组件

（一）任务内容

（1）回忆本节解题所用到的主要知识点，并默写出来。

功与能总的关系：______________________________。

重力做功与重力势能的关系：______________________________。

弹力做功与弹性势能的关系：______________________________。

电场力做功与电势能的关系：______________________________。

合外力做功与动能的关系：____________________________。

机械能守恒定律：____________________________。

机械能的变化量与对应的功：____________________________。

能量守恒定律的常用列式形式：____________________________。

（2）总结此类问题常用解题方法。

分析步骤：确定研究对象，分析受力与运动状态，结合已知量与要求的量选择相应的关系式列方程求解。

常用方法：整体法。以参与能量转化的物体组成的系统为对象，选择合适的过程进行分析。

常用关系：动能定理或能量守恒的关系式。

（3）根据下列命题组件，至少选择三个要素（一个对象与两个环境要素或两个环境要素与一个对象）编一道物理题。

设置条件与问题时，可以先设置条件，从一个条件开始，看可以求出哪些物理量，然后再加一个条件，看可以求出哪些物理量，最后设置合适的条件与问题，组成一道计算题。有能力的同学可以选择四个要素命题。

（4）小组内交换解答自编计算题，看是否合理。

（二）“涉及功能关系的多过程问题自编习题”命题组件

表 5－12　“涉及功能关系的多过程问题自编习题”命题组件

研究对象	环境	条件与问题
小球	水平面（粗糙或光滑）	初状态（位置、速度、动量、能量）
滑块	竖直面内	末状态（位置、速度、动量、能量）
木板	倾斜导轨或斜面（粗糙或光滑）	时间
轻绳	曲面（粗糙或光滑）	位置或距离
轻杆	电场	对象质量
弹簧	匀强磁场	对象电荷量
其他	传送带（水平或倾斜）	动摩擦因数
	其他	电场强度
		磁感应强度
		其他

第 5 节 静电场

一、知识点与简要教学设计

表 5－13　本节知识点与简要教学设计

序号	知识点	简要教学设计与作业形式
1	静电现象与电荷	创设情境导入→启发式教学→课堂练习 【作业】常规作业 拓展型作业主题 1：制作一个简易验电器（或演示静电现象的装置）
2	库仑定律	创设情境导入→实验探究→启发式教学→课堂练习 【作业】常规作业 拓展型作业主题 2：设计不同于课本的创新实验验证库仑定律
3	电场与电场强度	创设情境导入→实验探究→启发式教学概念建构→课堂练习 【作业】常规作业
4	电势能与电势	创设情境导入→启发式教学概念建构→课堂练习 【作业】常规作业
5	电势差及其与电场强度的关系	创设情境导入→理论探究→实验验证→课堂练习 【作业】常规作业
6	电容器	创设情境导入→实验探究→启发式教学概念建构→课堂练习 【作业】常规作业 拓展型作业主题 3：制作一个电容器

续上表

序号	知识点	简要教学设计与作业形式
7	带电粒子在电场中的运动	创设情境导入→启发式教学→课堂练习 【作业】常规作业
8	静电的利用与防护	创设情境导入→自主学习或分享交流→课堂练习 【作业】常规作业 拓展型作业主题4：制作一个静电除尘演示仪
9	复习	拓展型作业主题5：带电粒子在电场中的运动自编习题

二、本节拓展型作业主题统计

表5－14　本节拓展型作业主题统计

序号	对应知识点	拓展型作业主题	类别	位置	必/选做	路径
1	静电现象与电荷	拓展型作业主题1：制作一个简易验电器（或演示静电现象的装置）	制作类	课后	必做	路径1
2	库仑定律	拓展型作业主题2：设计不同于课本的创新实验验证库仑定律	实验探究	课后	选做	路径2
3	电容器	拓展型作业主题3：制作一个电容器	制作类	课后	选做	路径3/路径4
4	静电的利用与防护	拓展型作业主题4：制作一个静电除尘演示仪	制作类	课后/课前	选做	路径3/路径4
5	复习	拓展型作业主题5：带电粒子在电场中的运动自编习题	自编习题	课后	选做	路径1

三、本节拓展型作业任务说明与支持

拓展型作业主题1：制作一个简易验电器

【作业说明与支持】

（1）问题提示：回忆课堂上老师演示用的验电器，验电器由哪几部分结构组成？每部分分别用什么材料？

（2）作业过程提示：确定制作验电器各部分的材料和制作方式，例如，外壳用什么材料制作，金属球用什么材料制作？一定要做成球形吗？指示带电量的部件用什么材料制作？进一步思考，能否做一个能够显示带正电还是负电的验电器？

（3）完成条件：本次作业所需材料和工具尽可能采用生活中容易找到的，如果需要向实验室借用其他器材或场地，请在实验设计上注明，由物理老师统一向实验室申请。本次作业可以在家完成，也可以将材料和工具带到学校在课余时间内完成。

（4）作业提交形式：验电器成品，制作材料、工具和成品的照片，演示使用过程的视频。制作完成后填写学案各项内容并上交学案。

拓展型作业主题2：设计不同于课本的创新实验验证库仑定律

【作业说明与支持】

（1）问题提示：库仑定律的内容是什么？要验证库仑定律，主要是验证哪几个物理量之间的关系？

（2）作业过程提示：如何获得两个可以视为点电荷的带电体？如何测量这两个带电体之间的距离？如何测量这两个带电体之间的库仑力？想清楚这些问题，再设计实验方案，寻找实验器材进行实验。

（3）完成条件：本次作业难度较大，可以适当多给一点时间完成。如果需要向实验室借用其他器材或场地，就在实验设计上注明，由物理老师统一向实验室申请。

（4）作业提交形式：实验器材和实验装置的照片。实验完成后填写学案各项内容并上交学案。

拓展型作业主题3：制作一个电容器

（见第六章第1节）

拓展型作业主题4：制作一个静电除尘演示仪

【作业说明与支持】

（1）问题提示：静电除尘的基本原理是什么？哪一极接高压电的正极或负极？

（2）作业过程提示：确定制作静电除尘装置各部分的材料和制作方式，例如，外壳用什么材料做，接高压的两极用什么材料，如何布局等。高压电源可以用手摇感应起电机。电源能否用废旧电蚊拍的电源与电路部分？

（3）完成条件：本次作业所需材料和工具尽量采用生活中容易找到的，如果需要向实验室借用其他器材或使用场地，就在实验设计上注明，由物理老师统一向实验室申请。本次作业可以在家完成，也可以将材料和工具带到学校来在课余时间内完成。

（4）作业提交形式：静电除尘演示仪成品，制作材料、工具和成品的照片，演示静电除尘的视频。制作完成后填写学案各项内容并上交学案。

四、“自编习题”任务内容与命题组件

（一）任务内容

（1）回忆本节解题所用到的主要知识点，并默写出来。

①库仑定律；电场力与电场强度；电场力做功的算法；电势、电势差与电势能（定义、判断方法）。

②电场力做功与电势能的关系；动能定理；能量守恒定律的常用列式形式。

③类平抛的分析方法。

（2）总结此类问题常用的解题方法。

分析步骤：确定研究对象，分析受力与状态，结合已知量与要求的量选择相应的关系式列方程求解。

常用方法：类平抛常用正交分解的方法。

常用关系：①匀变速直线运动的公式，匀加速直线运动的公式。

②动能定理或能量守恒的关系式。

③时间关系、位移关系、正交分解中的三角函数关系。

（3）根据下列命题组件，至少选择三个要素（一个对象与两个环境要素或两个环境要素与一个对象）编一道物理题。

设置条件与问题时，可以先设置条件，从一个条件开始，分析可以得出哪些结论；然后再加一个条件，分析可以得出哪些结论；最后设置合适的条件与问题，组成一道计算题。有能力的同学可以选择四个要素进行命题。

（4）小组内交换解答自编计算题，看是否合理。

（二）“带电粒子在电场中的运动自编习题”命题组件

表 5－15　“带电粒子在电场中的运动自编习题”命题组件

<table>
<tr><th>研究对象</th><th>环境</th><th>条件与问题</th></tr>
<tr><td>电子/质子/正负离子</td><td>电场</td><td>初状态（位置、速度、动量、能量）</td></tr>
<tr><td>带电粒子（不计重力）</td><td>匀强磁场</td><td>末状态（位置、速度、动量、能量）</td></tr>
<tr><td>带电微粒</td><td>绝缘水平面</td><td>时间</td></tr>
<tr><td>带电小球</td><td>空中（不计空气阻力）</td><td>位置或距离</td></tr>
<tr><td>带电液滴</td><td rowspan="5">其他</td><td>对象质量</td></tr>
<tr><td rowspan="4">其他</td><td>对象电荷量</td></tr>
<tr><td>电场强度</td></tr>
<tr><td>磁感应强度</td></tr>
<tr><td>其他</td></tr>
</table>

第 6 节

电路及其应用

一、知识点与简要教学设计

表 5－16 本节知识点与简要教学设计

序号	知识点	简要教学设计与作业形式
1	电流	创设情境导入→启发式教学→课堂练习 【作业】常规作业 拓展型作业主题 1：描绘二极管的伏安特性曲线
2	电阻	创设情境导入→实验探究→启发式教学→课堂练习 【作业】常规作业 拓展型作业主题 2：超导技术的应用与前沿进展
3	测金属丝的电阻率	实验课 【作业】常规作业 拓展型作业主题 3：测量铅笔芯（或头发丝）的电阻率
4	电路的串联与并联	创设情境导入→实验探究→启发式教学→课堂练习 【作业】常规作业
5	多用电表的使用	实验课 【作业】常规作业 拓展型作业主题 4：多用电表使用说明
6	常见电路元件	创设情境导入→实验探究→启发式教学→课堂练习 【作业】常规作业 拓展型作业主题 5：芯片的应用与技术前沿

续上表

序号	知识点	简要教学设计与作业形式
7	闭合电路的欧姆定律	创设情境导入→实验探究→启发式教学→课堂练习 【作业】常规作业
8	测电源的电动势与内阻	实验课 【作业】常规作业
9	电路中的能量	创设情境导入→启发式教学→课堂练习 【作业】常规作业 拓展型作业主题6：新型电热器 拓展型作业主题7：常见家用电器铭牌
10	能源与可持续发展	创设情境导入→启发式教学→课堂练习 【作业】常规作业 拓展型作业主题8：新能源的应用与技术前沿
11	家庭电路与安全用电	创设情境导入→启发式教学→课堂练习 【作业】常规作业 拓展型作业主题9：家庭用电情况调查与节能建议

二、本节拓展型作业主题统计

表5－17　本节拓展型作业主题统计

序号	对应知识点	拓展型作业主题	类别	位置	必/选做	路径
1	电流	拓展型作业主题1：描绘二极管的伏安特性曲线	实验探究	课后	必做	路径1
2	电阻	拓展型作业主题2：超导技术的应用与前沿进展	主题演讲/图文写作	课后	选做	路径1/路径3
3	测金属丝的电阻率	拓展型作业主题3：测量铅笔芯（或头发丝）的电阻率	实验测量	课后	选做	路径2
4	多用电表的使用	拓展型作业主题4：多用电表使用说明	主题演讲/视频制作	课后	必做	路径1/路径3

续上表

序号	对应知识点	拓展型作业主题	类别	位置	必/选做	路径
5	闭合电路的欧姆定律	拓展型作业主题5：芯片的应用与技术前沿	制作类	课后	选做	路径3
6	电路中的能量	拓展型作业主题6：新型电热器	主题演讲/图文写作	课后	选做	路径1/路径3
		拓展型作业主题7：常见家用电器铭牌	观察类	课前 课后	必做	路径1
7	能源与可持续发展	拓展型作业主题8：新能源的应用与技术前沿	主题演讲/图文写作	课后	选做	路径1/路径3
8	家庭电路与安全用电	拓展型作业主题9：家庭用电情况调查与节能建议	调查报告	课后	必做	路径1

三、本节拓展型作业任务说明与支持

拓展型作业主题1：描绘二极管的伏安特性曲线

【作业说明与支持】

（1）问题提示：描绘二极管的伏安特性曲线，需要测量哪些物理量？给二极管供电的电路如何设计？

（2）作业过程提示：设计好电路后，选用电压合适的电源。要思考用什么仪器测量电压和电流，如何改变电路从而测量多组数据。

（3）完成条件：本次作业所用实验器材一般家庭不具备，需要向实验室借用器材。将写好的实验设计上交给老师，经检查可行后由物理老师统一申请使用实验室。

（4）作业提交形式：实验器材与实验装置拍照上交，学案完成后上交。

拓展型作业主题2：超导技术的应用与前沿进展

【作业说明与支持】

（1）问题提示：什么是超导体？超导体有哪些用处？

（2）作业过程提示：要求通过查阅图书资料、网络搜索等方式了解超导体的应用与超导技术的发展现状。所有资料要记录参考文献。每个小组要将搜集到的资料整理成条理清楚的图文，制作成课件、自媒体图文或者视频。

（3）完成条件：本次作业可以在家里完成，在学校如果方便上网，也可以课余时间在学校完成。

（4）作业提交形式：本次作业除了提交学案外，还要提交课件或者图文与视频，已经上传到网络的提交网络链接地址。

拓展型作业主题3：测量铅笔芯（或头发丝）的电阻率

【作业说明与支持】

（1）问题提示：电阻定律的内容是什么？如何测量某种材料的电阻率？

（2）作业过程提示：要测量铅笔芯的电阻率，需要测量哪些物理量？用什么仪器测量这些物理量？铅笔芯的电阻用什么方法测量？如何改变电路测量多组数据求电阻的平均值？按照这个测量方法设计好电路，选用输出电压合适的电源。要注意安全，控制电路的电流稍微小一点。

（3）完成条件：本次作业所用实验器材一般家庭不具备，需要向实验室借用器材。将写好的实验设计上交给老师，经检查可行后由物理老师统一申请使用实验室。

（4）作业提交形式：实验器材与实验装置拍照上交，学案完成后上交。

拓展型作业主题4：多用电表使用说明

【作业说明与支持】

（1）问题提示：多用电表除了课堂上老师演示实验所用的多用电表外，你还看到过其他形式的多用电表吗？多用电表又叫作什么表？

（2）作业过程提示：通过查阅课本、图书资料、网络搜索等方式学习机械式多用电表和数字式多用电表的使用方法，完成学案上使用方法的文字说明部分后，向老师申请借用实验室的机械式多用电表与数字式多用电表，拍摄演示使用电表的视频，或者拍摄每一个使用步骤的照片，制作成图文。

（3）完成条件：本次作业完成的场地要根据实验室的要求来确定，如果多用电表不准借出实验室，可以带手机或相机到实验室拍摄；如果可以借出实验室，也可以在家里完成。

（4）作业提交形式：本次作业除了提交学案外，还要提交图文或视频，已经上传到网络的提交网络链接地址。

拓展型作业主题5：芯片的应用与技术前沿

【作业说明与支持】

（1）问题提示：芯片在生活中应用非常广泛，你知道哪些地方用到了芯片吗？当前芯片技术发展的前沿技术有哪些呢？

（2）作业过程提示：通过查阅图书资料、网络搜索等方式了解芯片的应用与当前芯片技术的发展现状，所有资料要记录下参考文献。每个小组要将搜集到的资料整理成条理清楚的图文，制作成课件或自媒体图文或者视频。

（3）完成条件：本次作业可以在家里完成，在学校如果上网方便也可以利用课余时间在学校完成。

（4）作业提交形式：本次作业除了提交学案外，还要提交课件或者图文与视频，已经上传到网络的提交网络链接地址。

拓展型作业主题6：新型电热器

【作业说明与支持】

（1）问题提示：电流通过导体发热的计算公式是什么？生活中你见过哪些不同的电热器？

（2）作业过程提示：通过市场调查、查阅图书资料、网络搜索等方式了解电热器的原理与种类，尤其要了解当前有哪些新型电热器，所有资料要记录下参考文献。每个小组要将搜集到的资料整理成条理清楚的图文，制作成课件、自媒体图文或者视频。

（3）完成条件：本次作业可以在家里完成，在学校如果上网方便，也可以利用课余时间在学校完成。

（4）作业提交形式：本次作业除了提交学案外，还要提交课件或者图文与视频，已经上传到网络的提交网络链接地址。

拓展型作业主题7：常见家用电器铭牌

【作业说明与支持】

（1）问题提示：每个家用电器上都会有一个铭牌，上面一般会标注哪些信息？

（2）作业过程提示：通过市场调查、家庭观察等方式了解常用家用电器的铭牌，尽量读懂铭牌上的相关信息，尤其是有关电学知识的信息。每个小组要将搜集到的资料整理成条理清楚的图文，制作成课件、自媒体图文或者视频。

（3）完成条件：本次作业可以在家里完成，在学校如果方便上网，也可以利用课余时间在学校完成。

（4）作业提交形式：本次作业除了提交学案外，还要提交铭牌的照片，制作了图文或者视频的可以提交图文与视频，已经上传到网络的提交网络链接地址。

拓展型作业主题8：新能源的应用与技术前沿

【作业说明与支持】

（1）问题提示：新能源是相对什么样的“旧”能源来说的？常见的新能源有哪些？

（2）作业过程提示：通过查阅图书资料、网络搜索等方式了解新能源的应用与最新技术发展情况，所有资料要记录下参考文献。每个小组要将搜集到的资料整理成条理清楚的图文，制作成课件、自媒体图文或者视频。

（3）完成条件：本次作业可以在家里完成，在学校如果方便上网，也可以利用课余时间在学校完成。

（4）作业提交形式：本次作业除了提交学案外，还要提交课件或者图文与视频，已经上传到网络的提交网络链接地址。

拓展型作业主题9：家庭用电情况调查与节能建议

（见第六章第4节）

第 7 节

电磁场与电磁波初步

一、知识点与简要教学设计

表 5－18　本节知识点与简要教学设计

序号	知识点	简要教学设计与作业形式
1	磁现象与磁场	创设情境导入→启发式教学→课堂练习 【作业】常规作业 拓展型作业主题 1：我国古代对磁现象的认识和应用以及对人类历史文明的影响
2	磁感应强度与磁通量	创设情境导入→实验探究→启发式教学概念建构→课堂练习 【作业】常规作业
3	电磁感应现象	创设情境导入→实验探究→启发式教学→课堂练习 【作业】常规作业 拓展型作业主题 2：电磁感应现象的发现过程
4	电磁波及其应用	创设情境导入→启发式教学→课堂练习 【作业】常规作业 拓展型作业主题 3：电磁波在现代社会中的应用实例
5	量子化现象	创设情境导入→启发式教学→课堂练习 【作业】常规作业

二、本节拓展型作业主题统计

表 5－19 本节拓展型作业主题统计

序号	对应知识点	拓展型作业主题	类别	位置	必/选做	路径
1	磁现象与磁场	拓展型作业主题 1：我国古代对磁现象的认识和应用以及对人类历史文明的影响	主题演讲/图文写作	课前/课后	必做	路径 1/路径 3
2	电磁感应现象	拓展型作业主题 2：电磁感应现象的发现过程	主题演讲/图文写作	课前/课后	选做	路径 1/路径 3
3	电磁波及其应用	拓展型作业主题 3：电磁波在现代社会中的应用实例	主题演讲/图文写作	课前/课后	必做	路径 1/路径 3

三、本节拓展型作业任务说明与支持

拓展型作业主题 1：我国古代对磁现象的认识和应用以及对人类历史文明的影响

【作业说明与支持】

（1）问题提示：关于我国古代对磁现象的认识和应用有哪些？

（2）作业过程提示：通过查阅图书资料、网络搜索等方式了解我国古代对磁现象的认识和应用情况，以及对人类历史文明的影响，所有资料要记录下参考文献。每个小组要将搜集到的资料整理成条理清楚的图文，制作成课件、自媒体图文或者视频。

（3）完成条件：本次作业可以在家里完成，如果在学校方便上网，也可以利用课余时间在学校完成。

（4）作业提交形式：本次作业除了提交学案外，还要提交课件、自媒体图文或视频，已经上传到网络的提交网址。

拓展型作业主题 2：电磁感应现象的发现过程

（参考拓展型作业主题 1）

拓展型作业主题 3：电磁波在现代社会中的应用实例

（参考拓展型作业主题 1）

第 8 节 动量与动量守恒定律

一、知识点与简要教学设计

表 5－20　本节知识点与简要教学设计

序号	知识点	简要教学设计与作业形式
1	动量与冲量	创设问题情境导入→启发式教学概念建构→课堂练习 【作业】常规作业
2	动量定理	创设情境导入→理论探究→启发式教学→课堂练习 【作业】常规作业 拓展型作业主题 1：设计一个着陆缓冲装置进行“鸡蛋撞地球”比赛
3	动量守恒定律	创设情境导入→理论探究→实验验证→启发式教学→课堂练习 【作业】常规作业
4	动量守恒定律的应用	创设问题情境导入→演示实验→启发式教学→课堂练习 【作业】常规作业 拓展型作业主题 2：“水火箭”的飞行距离与水量、发射角度的关系
5	碰撞	创设情境导入→实验探究→启发式教学→课堂练习 【作业】常规作业
6	自然界中的守恒定律	创设问题情境导入→启发式教学→课堂练习 【作业】常规作业

续上表

序号	知识点	简要教学设计与作业形式
7	复习	拓展型作业主题3：包含碰撞过程的多过程问题自编习题

二、本节拓展型作业主题统计

表5－21　本节拓展型作业主题统计

序号	对应知识点	拓展型作业主题	类别	位置	必/选做	路径
1	动量定理	拓展型作业主题1：设计一个着陆缓冲装置进行“鸡蛋撞地球”比赛	实验探究	课后	选做	路径2
2	动量守恒定律的应用	拓展型作业主题2：“水火箭”的飞行距离与水量、发射角度的关系	实验探究	课后	选做	路径2
3	复习	拓展型作业主题3：包含碰撞过程的多过程问题自编习题	自编习题	课后	选做	路径1

三、本节拓展型作业任务说明与支持

拓展型作业主题1：设计一个着陆缓冲装置进行“鸡蛋撞地球”比赛

【作业说明与支持】

（1）问题提示：什么是“鸡蛋撞地球”比赛呢？“鸡蛋撞地球”的比赛，就是参赛者设计制作一个装置，将鸡蛋放在这个装置里面，从四层楼的高度即在第五层楼走廊上释放这个装置，让它落在地面上划定的圆圈内，要求鸡蛋不碎且落点越接近圆心比赛成绩越好。要使鸡蛋不碎，用物理知识如何解释其中的原理呢？

（2）作业过程提示：鸡蛋要不碎，主要决定因素就是鸡蛋在落地时受力小。根据动量定理，要使鸡蛋受到的撞击力小，可以通过改变哪些变量实现？参加比赛时，装置要稳定释放。同时，要特别注意安全，楼上楼下互相配合，楼下要拉安全警戒线并派人管理，以免其他人误入比赛场地被砸伤。

（3）完成条件：本次作业的材料可以用生活中易得的材料，可以在家里完成，也可以在学校利用课余时间完成。

（4）作业提交形式：本次作业除了提交学案外，还要提交装置成品，材料和成品拍照上交。

拓展型作业主题2：“水火箭”的飞行距离与水量、发射角度的关系

【作业说明与支持】

（1）问题提示：本实验中采用的物理方法是什么？

（2）作业过程提示：实验开始前，要考虑如何测量“水火箭”的飞行距离、水量和发射角度。除了考虑这三个变量外，还要考虑哪些因数？根据这些思考，确定要制作或购买什么样的水火箭。要设计好数据记录表，安排人负责标记水火箭着地的位置。做好测量与安全管理等任务分工。同时，还要考虑水火箭飞行过程中的影响因素，最好在无风的天气时在室外进行实验。

要特别注意安全，朝着固定方向发射，飞行路线两边要拉安全警戒线并派人管理，以免其他人误入比赛场地被砸伤。

（3）完成条件：本次作业所用的水火箭可以自己制作，也可以网上购买符合实验要求的成品（包括发射架和气筒），最好在学校操场完成。

（4）作业提交形式：本次作业除了提交学案（即实验报告）外，还要提交水火箭与发射架的照片。

四、拓展型作业“自编习题”任务内容与命题组件

（一）任务内容

（1）回忆本节解题所用到的主要知识点，并默写出来。

动量、冲量的概念；动量定理；动量守恒定律；碰撞的类型与特点。

（2）总结此类问题常用解题方法。

分析步骤：确定研究对象，分析受力与状态。如果是多过程，要从初始状态开始分析每个阶段的受力与运动状态；结合已知量与要求的量找关系式列方程。

常用方法：画运动过程示意图，画速度—时间图像辅助分析。

常用关系：运动学关系式、动能定理、能量守恒定律、动量定理、动量守恒定律；时间关系、位移关系。

（3）根据下列命题组件，至少选择三个要素（一个对象与两个环境要素或两个环境要素与一个对象）编一道物理题。

设置条件与问题时，可以先设置条件，从一个条件开始，分析可以得出哪些结论；然后再加一个条件，分析可以得出哪些结论；最后设置合适的条件与问题，组成一道计算题。有能力的同学可以选择四个要素命题。

（4）小组内交换解答自编计算题，看看是否合理。

（二）“包含碰撞过程的多过程问题自编习题”命题组件

表 5－22 “包含碰撞过程的多过程问题自编习题”命题组件

研究对象	环境	条件与问题
小球	光滑水平面	初状态（位置、速度、动量、能量）
滑块	粗糙水平面	末状态（位置、速度、动量、能量）
木板	电场	时间
弹簧/轻绳	匀强磁场	位置或距离
小车	其他	对象质量
带电小球		对象电荷量
带电微粒/油滴		电场强度
其他		磁感应强度
		其他

第9节
机械振动与机械波

一、知识点与简要教学设计

表5－23　本节知识点与简要教学设计

序号	知识点	简要教学设计与作业形式
1	简谐运动的特征	创设问题情境导入→实验探究→启发式教学概念建构→课堂练习 【作业】常规作业
2	简谐运动的描述	创设情境导入→实验探究→启发式教学→课堂练习 【作业】常规作业 拓展型作业主题1：使用运动跟踪软件分析弹簧振子的位移—时间图像
3	单摆	创设情境导入→实验探究→启发式教学→课堂练习 【作业】常规作业
4	用单摆测重力加速度	实验课 【作业】常规作业 拓展型作业主题2：观察空气中单摆的周期是否随着振动次数的增加而变化
5	受迫振动与共振	创设情境导入→实验探究→启发式教学→课堂练习 【作业】常规作业
6	机械波的产生与传播	创设情境导入→实验探究→启发式教学→课堂练习 【作业】常规作业
7	机械波的描述	创设情境导入→实验探究→启发式教学→课堂练习 【作业】常规作业

续上表

序号	知识点	简要教学设计与作业形式
8	机械波的反射、折射、干涉与衍射	创设情境导入→实验探究→启发式教学→课堂练习 【作业】常规作业
9	多普勒效应	创设情境导入→启发式教学→课堂练习 【作业】常规作业 拓展型作业主题3：多普勒效应的实际应用

二、本节拓展型作业主题统计

表5－24　本节拓展型作业主题统计

序号	对应知识点	拓展型作业主题	类别	位置	必/选做	路径
1	简谐运动的描述	拓展型作业主题1：使用运动跟踪软件分析弹簧振子的位移—时间图像	实验探究	课前 课后	选做	路径2
2	用单摆测重力加速度	拓展型作业主题2：观察空气中单摆的周期是否随着振动次数的增加而变化	实验探究	课后	选做	路径1
3	多普勒效应	拓展型作业主题3：多普勒效应的实际应用	主题演讲/图文写作	课后	必做	路径1

三、本节拓展型作业任务说明与支持

拓展型作业主题1：使用运动跟踪软件分析弹簧振子的位移—时间图像

【作业说明与支持】

（1）问题提示：运动跟踪软件是可以分析物体运动信息的软件。你了解的运动跟踪软件有哪些呢?

（2）作业过程提示：对运动跟踪软件不熟悉的同学，可以先学习一款常用的运动跟踪软件，可以通过上网搜索相关教学视频学习。先拍摄弹簧振子的运动视频，要求小球与背景对比明显。拍摄好视频后，导入软件分析得到位移—时间图像，及其拟合的函数。

（3）完成条件：本次作业需要弹簧与小球，注意弹簧要用劲度系数小一点即软一点的弹簧。如果需要借实验室的器材可以向老师申请。借到实验器材后可以在家完成作业，也可以在实验室完成。

（4）作业提交形式：本次作业除了提交学案外，还要提交实验装置照片、实验过程视频、软件分析截图。

拓展型作业主题2：观察空气中单摆的周期是否随着振动次数的增加而变化

【作业说明与支持】

（1）问题提示：单摆在什么条件下做简谐振动？单摆的周期公式是怎样的？

（2）作业过程提示：简谐振动的周期是定值，在空气中的单摆实际上受到空气阻力的影响，随着时间的推移，它的周期还会保持不变吗？通过仔细观察，记录每十个全振动内的平均周期。需要两个人配合，一个负责数全振动次数或者经过平衡位置的次数，另一个负责用秒表记录每十个全振动所用时间。

（3）完成条件：本次作业需要的摆球和细线，如果学生没有，可以请老师向物理实验室借用。本次作业可以在家完成，也可以在实验室完成或者课余时间在教室完成。

（4）作业提交形式：本次作业除了提交学案外，还要提交实验装置照片，实验过程视频。

拓展型作业主题3：多普勒效应的实际应用

【作业说明与支持】

（1）问题提示：什么是多普勒效应？在什么情况下人接收到的频率大于波源的频率？在什么情况下人接收到的频率小于波源的频率？

（2）作业过程提示：要求通过查阅图书资料、网络搜索等方式了解多普勒效应在科学研究与实际生活中的应用，所有资料要记录下参考文献。每个小组要将搜集到的资料整理成条理清楚的图文，制作成课件、自媒体图文或视频。

（3）完成条件：本次作业可以在家里完成，如果在学校上网方便，也可以课余时间在学校完成。

（4）作业提交形式：本次作业除了提交学案外，还要提交课件、图文或视频，已经上传到网络的提交网络链接地址。

第 10 节
光及其应用

一、知识点与简要教学设计

表 5－25　本节知识点与简要教学设计

序号	知识点	简要教学设计与作业形式
1	光的折射	创设问题情境导入→实验探究→启发式教学概念建构→课堂练习 【作业】常规作业 拓展型作业主题 1：雨后彩虹形成的原因
2	测定玻璃的折射率	实验课 【作业】常规作业 拓展型作业主题 2：测量自来水的折射率
3	光的全反射	创设情境导入→实验探究→启发式教学→课堂练习 【作业】常规作业 拓展型作业主题 3：设计一种方案演示光的全反射
4	光的干涉	创设情境导入→实验探究→启发式教学→课堂练习 【作业】常规作业
5	用双缝干涉测光的波长	实验课 【作业】常规作业
6	光的衍射与偏振	创设情境导入→实验探究→启发式教学→课堂练习 【作业】常规作业 拓展型作业主题 4：3D 电影的原理
7	激光	创设情境导入→实验探究→启发式教学→课堂练习 【作业】常规作业 拓展型作业主题 5：用激光笔观察衍射现象

二、本节拓展型作业主题统计

表 5－26　本节拓展型作业主题统计

序号	对应知识点	拓展型作业主题	类别	位置	必/选做	路径
1	光的折射	拓展型作业主题 1：雨后彩虹形成的原因	主题演讲/图文写作	课前/课后	选做	路径 1/路径 3
2	测定玻璃的折射率	拓展型作业主题 2：测量自来水的折射率	实验测量	课后	必做	路径 1
3	光的全反射	拓展型作业主题 3：设计一种方案演示光的全反射	实验探究	课后	选做	路径 2
4	光的衍射与偏振	拓展型作业主题 4：3D 电影的原理	主题演讲/图文写作	课后	选做	路径 1/路径 3
5	激光	拓展型作业主题 5：用激光笔观察衍射现象	观察类	课后	必做	路径 1

三、本节拓展型作业任务说明与支持

拓展型作业主题 1：雨后彩虹形成的原因

【作业说明与支持】

（1）问题提示：大家在地面上看到的彩虹一般是什么形状？雨后彩虹的颜色是如何分布的呢？

（2）作业过程提示：要求通过查阅图书资料、网络搜索等方式了解雨后彩虹产生的原因与物理解释，搞懂在什么条件下才能看到彩虹。每个小组要将搜集到的资料整理成条理清楚的图文，制作成课件、自媒体图文或视频。

（3）完成条件：本次作业可以在家里完成，如果在学校上网方便，也可以利用课余时间在学校完成。

（4）作业提交形式：本次作业除了提交学案外，还要提交课件、图文或视频，已经上传到网络的提交网络链接地址。

拓展型作业主题 2：测量自来水的折射率

【作业说明与支持】

（1）问题提示：折射率公式是怎样的？折射率还包含在哪些公式中？

（2）作业过程提示：根据折射率所在的公式，设计与这个公式相对应的场景，画出相应的光路图。再确定实验器材与实验步骤，明确需要测量的物理量，以及如何测量这些物理量。

（3）完成条件：本次作业的材料与工具常见且易得，如果需要其他工具可以自行购买或向实验室借用。本次作业可以在家完成作业，也可以在实验室完成或者利用课余时间在教室完成。

（4）作业提交形式：本次作业除了提交学案外，还要提交实验装置照片、实验过程视频。

拓展型作业主题3：设计一种方案演示光的全反射

【作业说明与支持】

（1）问题提示：什么是全反射现象？发生全反射的条件是什么？

（2）作业过程提示：根据全反射的条件，设计一个实验装置演示光的全反射现象。先确定透明介质用什么材料，画出设计图与光路图，完成演示实验。

（3）完成条件：本次作业需要用到光源，可以用玩具激光笔或者找老师借用激光笔（一般翻页笔上都有），其他材料尽量用生活中容易找到的材料。如果需要其他工具，可以自行购买或向实验室借用。本次作业可以在家完成，也可以在实验室完成或者课余时间在教室完成。

（4）作业提交形式：本次作业除了提交学案外，还要提交实验装置照片、演示实验过程视频。

拓展型作业主题4：3D电影的原理

【作业说明与支持】

（1）问题提示：你看过3D电影吗？3D电影与普通电影有什么不同？

（2）作业过程提示：要求通过查阅图书资料、网络搜索等方式了解3D电影的形成原理与种类，所有资料要记录下参考文献。每个小组要将搜集到的资料整理成条理清楚的图文，制作成课件、自媒体图文或视频。

（3）完成条件：本次作业可以在家里完成，如果学校上网方便，也可以课余时间在学校完成。

（4）作业提交形式：本次作业除了提交学案外，还要提交课件或者图文或者视频，已经上传到网络的提交网络链接地址。

拓展型作业主题5：用激光笔观察衍射现象

【作业说明与支持】

（1）问题提示：什么是衍射现象？有哪些不同形式的衍射现象？衍射现象在什么条件下才会比较明显？

（2）作业过程提示：根据光的衍射的条件，先确定要观察的衍射现象的形式是单缝衍射、小孔衍射，还是挡光物体衍射，也可以尝试观察泊松亮斑。确定观察的衍射形式后，再设计一个实验装置观察光的衍射现象。

（3）完成条件：本次作业需要用到光源，可以用玩具激光笔或者找老师借用激光笔（一般翻页笔上都有），其他材料尽量用生活中容易找到的材料。本次作业可以在家完成作业，也可以在实验室完成或者利用课余时间在教室完成。

（4）作业提交形式：本次作业除了提交学案外，还要提交实验装置照片、演示实验过程视频。

第11节 磁场

一、知识点与简要教学设计

表5－27 本节知识点与简要教学设计

序号	知识点	简要教学设计与作业形式
1	安培力	创设问题情境导入→实验探究→启发式教学→课堂练习 【作业】常规作业 拓展型作业主题1：设计实验粗略测量当地地磁场磁感应强度
2	安培力的应用	创设问题情境导入→启发式教学→课堂练习 【作业】常规作业 拓展型作业主题2：设计并制作一个利用磁场力工作的小玩具
3	洛伦兹力	创设情境导入→实验探究→启发式教学→课堂练习 【作业】常规作业
4	带电粒子在磁场中的运动	创设情境导入→启发式教学→课堂练习 【作业】常规作业
5	质谱仪与回旋加速器	创设情境导入→实验探究→启发式教学→课堂练习 【作业】常规作业
6	章末	拓展型作业主题3：用电磁继电器设计一个简单的自动控制电路
7	章末复习	拓展型作业主题4：带电粒子在磁场中的运动自编习题

二、本节拓展型作业主题统计

表 5－28　本节拓展型作业主题统计

序号	对应知识点	拓展型作业主题	类别	位置	必/选做	路径
1	安培力	拓展型作业主题 1：设计实验粗略测量当地地磁场磁感应强度	实验测量	课前/课后	必做	路径 1
2	安培力的应用	拓展型作业主题 2：设计并制作一个利用磁场力工作的小玩具	制作类	课后	选做	路径 3/路径 4
3	章末	拓展型作业主题 3：用电磁继电器设计一个简单的自动控制电路	制作类	课后	选做	路径 2
4	章末复习	拓展型作业主题 4：带电粒子在磁场中的运动自编习题	自编习题	课后	选做	路径 1

三、本节拓展型作业任务说明与支持

拓展型作业主题 1：设计实验粗略测量当地地磁场磁感应强度

【作业说明与支持】

（1）问题提示：在学校所在的地方，地磁场沿什么方向？可以用指南针或手机上安装的电子罗盘来确定地磁场方向。要测量地磁场磁感应强度，可以用到的知识有哪些？

（2）作业过程提示：首先明确用什么公式来测量地磁场的磁感应强度。地磁场比较弱，如果要用通电导线受到的安培力来测量磁感应强度，一根通电导线是否够用？如何把安培力的作用效果放大？想清楚测量原理后，画出设计图，设计实验操作步骤与要测量的物理量，明确如何测量这些物理量。

（3）完成条件：本次作业难度稍大，可以多给一些时间完成。所需实验器材如果需要老师帮助提供，可以在实验设计上写清楚要借用的东西，由老师统一解决。本次实验根据实验设计确定在什么场地完成，如果需要实验室可以由老师统一申请。

（4）作业提交形式：本次作业除了提交学案外，还要提交实验器材、实验装置的照片，以及实验过程的视频。

拓展型作业主题 2：设计并制作一个利用磁场力工作的小玩具

【作业说明与支持】

（1）问题提示：与磁场有关的作用力有哪些？

（2）作业过程提示：与磁场有关的力有安培力、洛伦兹力，还有磁体之间的排斥与吸引的力。首先明确想要设计的玩具用哪种力来工作，然后设计提供磁场的部件和受力的部件，再设计外围部件使其形成一个玩具。画出设计图，明确制作步骤，再配齐制作材料。

（3）完成条件：本次作业难度稍大，可以多给一些时间完成。所需材料尽量用生活中的材料，如果需要老师帮助提供部分材料与工具，可以在学案中制作设计上写清楚需要老师帮忙提供的东西，由老师统一解决。本次作业可以在家完成或者在学校课余时间完成。

（4）作业提交形式：本次作业除了提交学案外，还要提交玩具的制作材料、工具与玩具成品的照片，以及演示玩具使用方法的视频。

拓展型作业主题3：用电磁继电器设计一个简单的自动控制电路

【作业说明与支持】

（1）问题提示：电磁继电器的基本结构和工作原理是什么？

（2）作业过程提示：根据电磁继电器的工作原理和特点，思考这个原理与特点在生活中有什么应用，设计一个简单的自动控制电路来实现这个应用。要画出电路设计图。

（3）完成条件：本次作业不需要实际的材料与工具，只需要进行电路设计，可以在家完成，也可以在学校完成。

（4）作业提交形式：本次作业提交学案，还需要做成课件上交用于班级分享。

四、拓展型作业“自编习题”任务内容与命题组件

（内容见第六章第6节）。

第 12 节
电磁感应及其应用

一、知识点与简要教学设计

表 5－29　本节知识点与简要教学设计

序号	知识点	简要教学设计与作业形式
1	感应电流的方向	创设问题情境导入→实验探究→启发式教学→课堂练习 【作业】常规作业
2	法拉第电磁感应定律	创设问题情境导入→实验探究→启发式教学→课堂练习 【作业】常规作业 拓展型作业主题 1：自制简易发电机
3	涡流、电磁阻尼与电磁驱动	创设情境导入→实验探究→启发式教学→课堂练习 【作业】常规作业 拓展型作业主题 2：制作一个应用电磁感应现象的小玩具
4	互感与自感	创设情境导入→实验探究→启发式教学→课堂练习 【作业】常规作业
5	认识交变电流	创设情境导入→实验探究→启发式教学→课堂练习 【作业】常规作业
6	交变电流的描述	创设情境导入→启发式教学→课堂练习 【作业】常规作业
7	变压器	创设情境导入→实验探究→启发式教学→课堂练习 【作业】常规作业 拓展型作业主题 3：拆解一个废旧充电器并分析其中的变压器元件

续上表

序号	知识点	简要教学设计与作业形式
8	电能的输送	创设情境导入→启发式教学→课堂练习 【作业】常规作业
9	复习	拓展型作业主题4：电磁感应综合问题自编习题

二、本节拓展型作业主题统计

表5－30　本节拓展型作业主题统计

序号	对应知识点	拓展型作业主题	类别	位置	必/选做	路径
1	法拉第电磁感应定律	拓展型作业主题1：自制简易发电机	制作类	课后	选做	路径3/路径4
2	涡流、电磁阻尼与电磁驱动	拓展型作业主题2：制作一个应用电磁感应现象的小玩具	制作类	课后	选做	路径3/路径4
3	变压器	拓展型作业主题3：拆解一个废旧充电器并分析其中的变压器元件	实验探究	课后	必做	路径1
4	复习	拓展型作业主题4：电磁感应综合问题自编习题	自编习题	课后	选做	路径1

三、本节拓展型作业任务说明与支持

拓展型作业主题1：自制简易发电机

【作业说明与支持】

（1）问题提示：什么是电磁感应现象？产生感应电流的条件是什么？

（2）作业过程提示：首先明确这个发电机的核心部件是什么。思考如何实现磁铁和线圈的相对运动，由什么力来驱动磁体和线圈之间的相对运动。想清楚测量原理后，画出设计图，设计制作步骤，明确需要的材料与工具。

（3）完成条件：本次作业难度稍大，可以多给一些时间完成。所需制作材料或工具如果需要老师帮助提供，可以在学案中写清楚，由老师统一解决。本次作业根据制作设计方案确定在什么场地完成，如果需要实验室可以由老师统一申请。

（4）作业提交形式：本次作业除了提交学案外，还要提交制作材料和工具、简易发电机成品的照片，以及演示发电过程的视频。

拓展型作业主题2：制作一个应用电磁感应现象的小玩具

【作业说明与支持】

（1）问题提示：电磁感应现象中，产生感应电流的条件是什么？感应电流受到安培力会产生哪些作用效果？什么是电磁驱动？什么是电磁阻尼？

（2）作业过程提示：电磁感应现象应用于玩具，一般来说，要么是利用感应电流发光，要么是利用感应电流受到安培力产生的电磁驱动与电磁阻尼。首先要明确想要设计的玩具是利用电磁感应的哪一种效果来工作，然后设计提供磁场的部件和电路的其他部件，再设计外围部件使其形成一个玩具。画出设计图，明确制作步骤，再配齐材料制作。

（3）完成条件：本次作业难度稍大，可以多给一些时间完成。所需材料尽量用生活中的材料，如果需要老师帮助提供部分材料与工具，可以在学案的制作设计上写清楚，由老师统一解决。本次作业可以在家完成或者在学校利用课余时间完成。

（4）作业提交形式：本次作业除了提交学案外，还要提交玩具的制作材料、工具与玩具成品的照片，以及演示玩具使用方法的视频。

拓展型作业主题3：拆解一个废旧充电器并分析其中的变压器元件

【作业说明与支持】

（1）问题提示：变压器的基本结构由哪几部分组成？其电路符号是什么？

（2）作业过程提示：拆开废旧充电器后，先观察哪个元件是变压器，有线圈的一定是变压器吗？拆解的时候先用电烙铁融化焊脚再将变压器取下来。观察拆下来的变压器，判断其原副线圈引线分别在哪里。如何判断这个变压器是否完好？可以用多用电表和学生电源在低压条件下进行测试。使用电烙铁时要注意安全，不会使用的可以只观察辨认，不拆变压器。

（3）完成条件：本次作业主要就是要求辨认废旧电器中的变压器，学会拆电路元件。一般家庭都有废旧充电器，学生可以自己在家拆解或带来学校完成拆解。

（4）作业提交形式：本次作业提交拆开后变压器的照片，如果把变压器拆下来了，可以提交实物。

四、拓展型作业“自编习题”任务内容与命题组件

（一）任务内容

（1）回忆本节解题所用到的主要知识点，并默写出来。

感应电流产生的条件、感应电流方向的判断、感应电动势大小的计算、电磁感应现象中的等效电源与电路、电磁感应现象中的能量关系。

（2）总结此类问题常用解题方法。

分析步骤：分析电磁感应现象与电路结构，确定研究对象，对物体分析受力与状态，对电路分析电源电动势与外电路串并联关系；结合已知量与要求的量选择相应的

关系式列方程求解。

常用方法：分析因果关系。

常用关系：牛顿第二定律、动能定理与能量守恒、动量定理、电路中闭合电路的欧姆定律。

（3）根据下列命题组件，至少选择三个要素（一个对象与两个环境要素或两个环境要素与一个对象）编一道物理题。

设置条件与问题时，可以先设置条件，从一个条件开始，分析可以得出哪些结论，然后再加一个条件，分析可以得出哪些结论，最后设置合适的条件与问题，组成一道计算题。有能力的同学可以选择四个要素命题。

（4）小组内交换解答自编计算题，看是否合理。

（二）“电磁感应综合问题自编习题”命题组件

表 5－31 “电磁感应综合问题自编习题”命题组件

研究对象	环境	条件与问题
电子/质子/正负离子	电场	初状态（位置、速度、动量、能量）
带电粒子（不计重力）	匀强磁场	末状态（位置、速度、动量、能量）
带电微粒	绝缘水平面	时间
带电小球	空中（不计空气阻力）	位置或距离
带电液滴	其他	对象质量
其他		对象电荷量
		电场强度
		磁感应强度
		其他

第13节 电磁振荡与电磁波

一、知识点与简要教学设计

表5－32　本节知识点与简要教学设计

序号	知识点	简要教学设计与作业形式
1	电磁振荡	创设问题情境导入→实验探究→启发式教学→课堂练习 【作业】常规作业
2	麦克斯韦电磁场理论	创设问题情境导入→实验探究→启发式教学→课堂练习 【作业】常规作业 拓展型作业主题1：根据微波炉的原理和技术资料写一份微波炉使用规范
3	电磁波的发射、传播与接收	创设情境导入→启发式教学→课堂练习 【作业】常规作业
4	电磁波谱	创设情境导入→启发式教学→课堂练习 【作业】常规作业 拓展型作业主题2：参观当地广播电视发射台

二、本节拓展型作业主题统计

表 5－33　本节拓展型作业主题统计

序号	对应知识点	拓展型作业主题	类别	位置	必/选做	路径
1	麦克斯韦电磁场理论	拓展型作业主题 1：根据微波炉的原理和技术资料写一份微波炉使用规范	主题演讲/图文写作	课后	必做	路径 1/路径 3
2	电磁波谱	拓展型作业主题 2：参观当地广播电视发射台	参观学习类	课后	选做	路径 4

三、本节拓展型作业任务说明与支持

拓展型作业主题 1：根据微波炉的原理和技术资料写一份微波炉使用规范

【作业说明与支持】

（1）问题提示：什么是涡电流？在什么情况下会产生涡电流？

（2）作业过程提示：要求通过查阅图书资料、网络搜索等方式了解电磁炉的工作原理，理解电磁炉的使用规范。每个小组要将搜集到的资料整理成条理清楚的图文，制作成课件、自媒体图文或者视频。

（3）完成条件：本次作业可以在家里完成，如果在学校上网方便，也可以利用课余时间在学校完成。

（4）作业提交形式：本次作业除了提交学案外，还要提交课件、图文或者视频，已经上传到网络的提交网络链接地址。

拓展型作业主题 2：参观当地广播电视发射台

【作业说明与支持】

（1）问题提示：电磁波的发射原理是什么？

（2）作业过程提示：提前与学校、年级管理层联系，与当地广播电视台联系，确定好参观时间、接待人员。校外参观活动，要特别注意安全，遵守公共秩序，爱护公物，听从指挥。

（3）完成条件：由物理老师组织参观。

（4）作业提交形式：参观结束后，回到学校每人写一份参观学习感想。

第 14 节

传感器

一、知识点与简要教学设计

表 5－34　本节知识点与简要教学设计

序号	知识点	简要教学设计与作业形式
1	传感器及其工作原理	创设问题情境导入→实验探究→启发式教学→课堂练习 【作业】常规作业 拓展型作业主题 1：原创设计一个测量温度的传感器
2	传感器的应用	创设问题情境导入→实验探究→启发式教学→课堂练习 【作业】常规作业 拓展型作业主题 2：手机中的传感器及其在实验探究中的应用

二、本节拓展型作业主题统计

表 5－35　本节拓展型作业主题统计

序号	对应知识点	拓展型作业主题	类别	位置	必/选做	路径
1	传感器及其工作原理	拓展型作业主题 1：原创设计一个测量温度的传感器	制作类	课后	选做	路径 2
2	传感器的应用	拓展型作业主题 2：手机中的传感器及其在实验探究中的应用	调查研究	课后	选做	路径 3

三、本节拓展型作业任务说明与支持

拓展型作业主题1：原创设计一个测量温度的传感器

【作业说明与支持】

（1）问题提示：传感器的一般原理是什么？

（2）作业过程提示：温度传感器要把温度的变化转化为电学量的变化。首先要思考温度的变化如何引起电压、电流、电阻、电容等电学量的变化，然后设计一个装置来实现这种温度到电学量的转化，这个装置就是一个传感器。

（3）完成条件：本次作业难度较大，只需要做好设计。如果可以获取材料，也可以把实物做出来。本次作业可以在家里完成，也可以在学校利用课余时间完成。

（4）作业提交形式：本次作业要提交学案，如果制作了实物的也可以提交实物。

拓展型作业主题2：手机中的传感器及其在实验探究中的应用

【作业说明与支持】

（1）问题提示：你知道手机上一般有哪些传感器吗？

（2）作业过程提示：要求通过查阅图书资料、网络搜索等方式了解智能手机上有哪些传感器，并了解这些传感器的作用，思考这些传感器与相应的手机应用程序可以在物理实验探究活动中有怎样的用处。

（3）完成条件：本次作业可以在家里完成，如果在学校上网方便，也可以利用课余时间在学校完成。

（4）作业提交形式：本次作业除了提交学案外，还要提交课件、图文或视频，已经上传到网络的提交网络链接地址。

第 15 节 固体、液体和气体

一、知识点与简要教学设计

表 5－36　本节知识点与简要教学设计

序号	知识点	简要教学设计与作业形式
1	分子动理论基本内容	创设问题情境导入→实验探究→启发式教学→课堂练习 【作业】常规作业 拓展型作业主题 1：设计实验观察液体在不同温度下的扩散现象
2	油膜法测油酸分子直径	实验课 【作业】常规作业
3	气体分子运动的统计规律与压强	创设情境导入→实验探究→启发式教学→课堂练习 【作业】常规作业 拓展型作业主题 2：本班同学的身高是否符合“中间多两头少”的分布规律
4	分子力与内能	创设情境导入→启发式教学→课堂练习 【作业】常规作业
5	气体实验定律	创设情境导入→实验探究→启发式教学→课堂练习 【作业】常规作业
6	固体	创设情境导入→启发式教学→课堂练习 【作业】常规作业

续上表

序号	知识点	简要教学设计与作业形式
7	液体	创设情境导入→实验探究→启发式教学→课堂练习 【作业】常规作业 拓展型作业主题3：生活中的液体表面张力、毛细现象
8	复习	拓展型作业主题4：气体实验定律自编习题

二、本节拓展型作业主题统计

表5－37　本节拓展型作业主题统计

序号	对应知识点	拓展型作业主题	类别	位置	必/选做	路径
1	分子动理论基本内容	拓展型作业主题1：设计实验观察液体在不同温度下的扩散现象	实验观察	课前/课后	选做	路径3/路径4
2	气体分子运动的统计规律与压强	拓展型作业主题2：本班同学的身高是否符合“中间多两头少”的分布规律	调查统计	课前/课后	选做	路径4
3	液体	拓展型作业主题3：生活中的液体表面张力、毛细现象	观察与分析	课后	必做	路径1

三、本节拓展型作业任务说明与支持

拓展型作业主题1：设计实验观察液体在不同温度下的扩散现象

【作业说明与支持】

（1）问题提示：什么是扩散现象？扩散现象与温度有什么关系？

（2）作业过程提示：本次作业要求观察液体在不同温度下的扩散现象。首先要考虑用哪种液体在另一种液体里面扩散，怎样设置不同的温度。然后根据这些思考设计实验步骤，明确实验器材。用来进行扩散的液体，除了墨水外，还可以用哪些液体？

（3）完成条件：本次作业难度较小，本次作业可以在家里完成，也可以在学校利用课余时间完成。

（4）作业提交形式：本次作业要提交学案、实验过程视频以及同一时刻的对比照片。

拓展型作业主题2：本班同学的身高是否符合“中间多两头少”的分布规律

【作业说明与支持】

（1）问题提示：气体分子速率分布有什么特点？

（2）作业过程提示：本次作业要求统计全班同学的身高。分析全班身高是否符合“中间多两头少”的分布规律，要如何设计坐标轴？建议仿照气体分子速率分布图像设计坐标轴。数据可以输入到表格办公软件进行统计，插入统计图。

（3）完成条件：本次作业可以在体检后统计身高数据，全班每个小组发一份数据，各小组各自完成自己小组的“身高分布图像”。拿到数据后可以在家里完成，如果学校用电脑方便也可以在学校课余时间完成。

（4）作业提交形式：本次作业要提交学案、实验过程视频、同一时刻的对比照片。

拓展型作业主题3：生活中的液体表面张力、毛细现象

【作业说明与支持】

（1）问题提示：什么是液体表面张力？表面张力产生什么效果？什么是毛细现象？毛细现象中液体柱的上升与下降与什么因素有关？

（2）作业过程提示：本次作业要求观察生活中的液体表面张力、毛细现象。可以做一些实验，也可以在日常生活中观察到了后用手机随手拍摄保存下来。

（3）完成条件：本次作业属于生活观察分析类作业，可以在较长的时间内完成，给学生较多的观察机会。本次作业可以在家里完成，如果在学校有拍摄条件也可以在学校拍摄积累素材。

（4）作业提交形式：本次作业要提交液体表面张力、毛细现象的照片或视频。

第 16 节
热力学定律

一、知识点与简要教学设计

表 5－38　本节知识点与简要教学设计

序号	知识点	简要教学设计与作业形式
1	热力学第一定律	创设问题情境导入→探究实验→启发式教学→课堂练习 【作业】常规作业
2	能量守恒定律	创设问题情境导入→启发式教学→课堂练习 【作业】常规作业
3	热力学第二定律	创设情境导入→启发式教学→课堂练习 【作业】常规作业 拓展型作业主题：空气能热水器的原理与热效率分析

二、本节拓展型作业主题统计

表 5－39　本节拓展型作业主题统计

对应知识点	拓展型作业主题	类别	位置	必/选做	路径
热力学第二定律	拓展型作业主题：空气能热水器的原理与热效率分析	主题演讲/图文写作	课前/课后	选做	路径 1/路径 3

三、本节拓展型作业任务说明与支持

拓展型作业主题：空气能热水器的原理与热效率分析

【作业说明与支持】

（1）问题提示：你家里用的热水器是什么类型的热水器？

（2）作业过程提示：要求通过查阅图书资料、网络搜索等方式了解空气能热水器的工作原理，想一想如何初步分析其热效率。每个小组要将搜集到的资料整理成条理清楚的图文，制作成课件或自媒体图文或者视频。要注意记录所用资料的来源，写好参考文献。

（3）完成条件：本次作业可以在家里完成，如果在学校上网方便，也可以利用课余时间在学校完成。

（4）作业提交形式：本次作业除了提交学案外，还要提交课件、图文或视频，已经上传到网络的提交网络链接地址。

第17节
原子与原子核

一、知识点与简要教学设计

表5－40　本节知识点与简要教学设计

序号	知识点	简要教学设计与作业形式
1	原子结构	创设问题情境导入→启发式教学→课堂练习 【作业】常规作业 拓展型作业主题1：原子光谱与光谱分析
2	放射性元素的衰变	创设问题情境导入→启发式教学→课堂练习 【作业】常规作业 拓展型作业主题2：利用辐射检测仪测量辐射量（测量家里的地板砖或石材的辐射量、测量同一被测物与检测仪不同距离的辐射量）
3	原子核的结构	创设情境导入→启发式教学→课堂练习 【作业】常规作业 拓展型作业主题3：华人科学家在粒子物理中的贡献
4	核力与结合能	创设情境导入→启发式教学→课堂练习 【作业】常规作业
5	核裂变与核聚变	创设情境导入→启发式教学→课堂练习 【作业】常规作业 拓展型作业主题4：核辐射的防护与核污染处理

二、本节拓展型作业主题统计

表 5－41　本节拓展型作业主题统计

序号	对应知识点	拓展型作业主题	类别	位置	必/选做	路径
1	原子结构	拓展型作业主题 1：原子光谱与光谱分析	主题演讲/图文写作	课前/课 1 后	选做	路径 1/路径 3
2	放射性元素的衰变	拓展型作业主题 2：利用辐射检测仪测量辐射量（测量家里的地砖或石材的辐射量、测量同一被测物与检测仪不同距离的辐射量）	实践	课后	选做	路径 4
3	原子核的结构	拓展型作业主题 3：华人科学家在粒子物理中的贡献	主题演讲/图文写作	课后	必做	路径 1/路径 3
4	核裂变与核聚变	拓展型作业主题 4：核辐射的防护与核污染处理	主题演讲/图文写作	课后	必做	路径 1/路径 3

三、本节拓展型作业任务说明与支持

拓展型作业主题 1：原子光谱与光谱分析

【作业说明与支持】

（1）问题提示：什么是原子光谱？什么是光谱分析？

（2）作业过程提示：要求通过查阅图书资料、网络搜索等方式了解光谱分析的原理和方法。每个小组要将搜集到的资料整理成条理清楚的图文，制作成课件、自媒体图文或者视频。要注意记录所用资料的来源，写好参考文献。

（3）完成条件：本次作业可以在家里完成，如果在学校上网方便，也可以利用课余时间在学校完成。

（4）作业提交形式：本次作业除了提交学案外，还要提交课件或者图文或者视频，已经上传到网络的提交网络链接地址。

拓展型作业主题 2：利用辐射检测仪测量环境辐射量（测量家里的地砖或石材的辐射量、测量同一被测物与检测仪不同距离的辐射量）

【作业说明与支持】

（1）问题提示：生活环境中哪些地方存在 α、β、γ 射线的辐射？

（2）作业过程提示：通过辐射检测仪（盖革计数器）检测生活环境中的辐射量，

并记录下相应环境中的数据，分析产生这些辐射的材料是什么。通过网络查询家居环境辐射安全的国家标准，分析自己家中的环境辐射水平是否超标。也可以跟家长一起到建材市场，测量建材市场各种建筑材料的辐射水平。

（3）完成条件：本次作业需要的辐射检测仪一般家庭都不会购买，可以由物理老师提供检测仪，每个小组轮流使用。

（4）作业提交形式：本次作业除了提交学案外，还要提交课件、图文或视频，已经上传到网络的提交网络链接地址。

拓展型作业主题3：华人科学家在粒子物理中的贡献

【作业说明与支持】

（1）问题提示：粒子物理学的研究内容是哪些？

（2）作业过程提示：要求通过查阅图书资料、网络搜索等方式了解华人科学家在粒子物理中的贡献。每个小组要将搜集到的资料整理成条理清楚的图文，制作成课件、自媒体图文或视频。要注意记录所用资料的来源，写好参考文献。

（3）完成条件：本次作业可以在家里完成，学校上网方便的也可利用课余时间在学校完成。

（4）作业提交形式：本次作业除了提交学案外，还要提交课件、图文视频，已经上传到网络的提交网络链接地址。

拓展型作业主题4：核辐射的防护与核污染处理

【作业说明与支持】

（1）问题提示：什么是核辐射？主要有哪些情况会导致核污染？

（2）作业过程提示：要求通过查阅图书资料、网络搜索等方式了解核辐射的防护方法，以及核废料的正确处理方法，了解如何防止核污染。每个小组要将搜集到的资料整理成条理清楚的图文，制作成课件、自媒体图文或视频。要注意记录所用资料的来源，写好参考文献。

（3）完成条件：本次作业可以在家里完成，上网方便的学校也可利用课余时间在学校完成。

（4）作业提交形式：本次作业除了提交学案外，还要提交课件、图文或视频，已经上传到网络的提交网络链接地址。

第六章

典型拓展型作业内容设计与学案

典型拓展型作业按内容主要有观察类、制作类、探究（或测量）类、主题演讲与图文写作类、调查类、参观学习类、自编习题类。每一类的作业内容设计与学案均有较多的相似性。因此，本章对高中物理拓展型作业的各个典型类别进行逐一举例，同时说明如何进行内容设计与学案编写，以期给同类布置拓展型作业提供参考。

第1节
制作类

制作类拓展型作业强调实际操作与动手能力，要求学生根据一定的要求，结合所学的物理知识，亲自动手制作一个实物，从而提升解决实际问题的能力。制作类拓展型作业注重跨学科知识的综合运用，学生需要整合多领域的知识，如科学、技术、工程、数学等，以完成复杂的任务。有的制作类作业还需要团队合作和协同创新，需要小组合作完成，学生不仅要展示个人技能，还需与组员密切配合，共同探究和解决问题。此外，制作类拓展型作业通常具有开放性和多样性，不存在唯一的做法，要鼓励学生发挥创造力和想象力，挑战传统思维框架。

主题：制作一个电容器

一、内容设计

【作业目标】

（1）通过制作一个电容器，进一步理解电容器的结构与储存电荷的原理。

（2）制作一个电容器，为观察电容器的充放电现象做准备。

（3）锻炼动手能力，提高学以致用的水平，培养实践意识。

【完成作业的材料与条件】

（1）材料与工具：锡箔（或铝箔）、做电极用的铜线或铝线、油纸或保鲜膜等绝缘材料、透明胶、剪刀，以及学生自己认为需要的其他材料。

有条件的还可以准备学生电源（或干电池）、导线、开关、电压表（电流表或多用电表），以便观察电容器的充放电现象。

（2）时间与空间。

时间：课堂或课后、周末。

空间：教室、实验室或家里。

【作业说明与教师支持】

（1）首先要搞懂电容器的内部结构，观察拆解下来的纸质电容器。如果有废旧电路板上有电容器，可以拆开给学生看。

（2）电容器做好后，要尽量减小体积，便于携带转移。

（3）要明确电容器铺好极板与电介质后，接线柱如何设计，最后卷起来从哪一端开始卷比较方便。

（4）教师可以统一提供铝箔、铜线或铝线、油纸，其他材料学生可以自己准备。

【完成作业的环节设计】

（见学案）

【作业组织形式】

学生小组活动，每小组不超过 2 人。

【作业成果呈现形式】

实物、学案、图片与视频。

【作业反馈与评价】

（1）班级展示、反馈与评价。

（2）网络平台展示。

二、学案

制作一个电容器

班级：____________　　第____组　　组长：__________________

小组成员与分工：____

［作业目的］

1．通过制作电容器，理解电容器的结构。

2．通过全班作品展示与交流，了解电容器设计的多样性。

3．锻炼动手能力，提高学以致用的水平，培养实践意识。

［作业环节］

一、作业解读

1．作业内容：制作一个电容器。

2．作业要求：

（1）制作材料和工具准备好后摆放整齐，拍一张清晰的照片。

（2）制作的成品用于观察充放电现象时要有明显的实验现象，即电容不能太小。

（3）如果有条件观察充放电现象，请把充放电现象拍好视频记录下来。

（4）制作的电容器实物上贴好班级姓名，上交给老师用于课堂展示分享后再返还，照片与视频以“班级 + 姓名 + 电容 1/2/3”为文件名上交到老师的电子邮箱。

（5）学案上交给老师。

二、作业完成过程

活动1：电容器结构设计

请把电容器的结构设计图画在下面，并在旁边写上结构说明。

活动2：准备好制作材料与工具

用到的材料有：________________________________。

工具：____。

活动3：制作流程设计（制作步骤）

1. 按设计尺寸裁剪材料。

2. ____。

3. ____。

活动4：按设计的步骤操作，制作出成品

活动5：活动成果上交

三、作业反思

（完成作业的过程中遇到哪些困难，有哪些地方前期没做好，后来有什么改进方法，还有什么其他想法）

____

____

____

____。

第 2 节
探究（或测量）类

探究（或测量）类实验对学生的知识应用水平提出了较高的要求。通过这类拓展型作业，可以使学生加深对物理知识的理解。探究（或测量）类实验，是为了解决某个探究或测量的问题，依据一定的物理知识，设计合理的探究或测量实验方案，并动手操作解决问题。此类作业锻炼了学生的科学探究能力与动手操作能力。

主题：测量动摩擦因数

一、内容设计

【作业目标】

通过设计实验测量动摩擦因数，加深对滑动摩擦力计算公式以及二力平衡知识的理解。

【完成作业的材料与条件】

（1）材料与工具。

学生家里常见的材料：弹簧测力计、细线等。

（2）时间与空间。

时间：课堂或课后、周末。

空间：教室、实验室或家里。

【作业说明与教师支持】

（1）测量两个物体之间的动摩擦因数，需要设计一个实验装置，使两个物体之间发生相对滑动。同时要思考实验装置如何设计才更方便准确测量滑动摩擦力的大小和压力的大小，从而间接测量出动摩擦因数。

（2）实验材料方面，可以用书本、木板或其他常见的板块状物体，滑动摩擦力的大小用二力平衡的原理来测量，压力大小可以根据水平放置时压力与重力大小相等来测量。

【完成作业的环节设计】

（见学案）

【作业组织形式】

学生小组活动，每小组不超过 2 人。

【作业成果呈现形式】

学案、图片与视频。

【作业反馈与评价】

（1）班级展示、反馈与评价。

（2）网络平台展示。

二、学案

测量动摩擦因数

班级：____________ 第____组 组长：__________________

小组成员与分工：____

［作业目的］

1. 通过设计实验测量动摩擦因数，加深对滑动摩擦力计算公式以及二力平衡知识的理解。

2. 锻炼学生动手能力，提高学以致用的水平，培养实践意识。

［作业环节］

一、作业解读

1. 作业内容：测量两个物体之间的动摩擦因数。

2. 作业要求：

（1）设计好实验装置后拍一个清晰的照片；实验过程中可以拍一段几十秒的视频，展示物体与测量仪器读数的变化。

（2）记录好实验数据，多测几组数据，计算动摩擦因数平均值。

（3）照片与视频以“班级 + 姓名 + 测量动摩擦因数 1/2/3”为文件名上交到老师的电子邮箱。

（4）学案上交给老师。

二、作业完成过程

活动 1：测量实验原理与方案设计

实验原理：____。

实验方案介绍：____

____。

活动2：准备好实验器材与测量工具

用到的材料：____。

测量工具：____。

活动3：实验步骤设计

1. ____。

2. ____。

3. ____。

活动4：按步骤操作并记录数据

活动5：数据处理

活动6：误差分析

三、作业反思

（完成作业的过程中遇到哪些困难，有哪些地方前期没做好，后来有什么改进方法，还有什么其他想法）

____

____

____

____。

第3节 主题演讲与图文写作类

主题演讲与图文写作类拓展型作业通常是有关物理学史或物理知识在生活中的应用。主题演讲与图文写作类拓展型作业拓展了学生的知识深度与广度，锻炼了学生的逻辑思维能力、信息搜集处理能力、创新能力和语言表达能力。

主题：我国航天事业的发展历程和当前世界航天前沿进展

一、内容设计

【作业目标】

通过查阅相关资料，了解我国的航天事业发展历程与当前世界航天前沿进展，进一步领会科技进步对社会发展的意义。

【完成作业的设备与条件】

（1）设备：电脑或手机（有网络）。

（2）时间与空间：周末回家完成。

【作业说明与教师支持】

（1）上网查询的内容分为两个部分：一是我国的航天事业发展历程；二是当前世界航天技术发展前沿进展，即当前网上能查到的最新的航天科技成果介绍以及新技术设想。

（2）查询内容整理成文字和图片，也可以有简短的视频，可以做成课件用于班级演讲，也可以做成公众号图文发表到公众号或自媒体，或者做成短视频发布到自媒体。

【完成作业的环节设计】

（见学案）

【作业组织形式】

学生小组活动，每小组不超过 3 人。

【作业成果呈现形式】

课件、图文或视频。

【作业反馈与评价】

（1）班级展示、反馈与评价。

（2）网络平台展示。

二、学案

我国航天事业的发展历程和当前世界航天前沿进展

班级：____________ 第____组 组长：__________________

小组成员与分工：____

［作业目的］

1. 通过查阅相关资料，了解我国的航天事业发展历程与当前世界航天前沿进展，进一步领会科技进步对社会发展的意义。

2. 培养信息搜集与处理的能力，锻炼表达能力，培养综合素质。

［作业环节］

一、作业解读

1. 作业内容：

（1）上网查询的内容分为两个部分，一是我国的航天事业发展历程，二是当前世界航天技术发展前沿进展，即当前网上能查到的最新的航天科技成果介绍，以及新技术设想。

（2）查询内容整理成文字和图片，或简短的视频，并制作课件用于班级演讲，也可以做成图文发公众号或自媒体，或者做成短视频发自媒体。

2. 作业要求：

（1）课件要图文并茂，文字大小合理，课件页面色彩不要太复杂，要使课件看起来清晰舒适。

（2）发自媒体的图文排版要简洁美观，视频要画面和声音清晰，文件格式要适合网页或自媒体平台播放。

（3）搜集资料时要把来源的网站或书籍作为参考文献（格式请上网查）记下来，并附在课件相关内容一页的最下方，图文中参考文献附在文末，视频中参考文献可以列在视频末尾，也可以放在相关内容所在画面的下方。

（4）课件、图文或视频以“班级 + 第几组 + 航天 1/2/3”为文件名上交到物理老师的电子邮箱，上传到自媒体平台的作品要把链接分享到班级群。

（5）学案上交给老师。

二、作业完成过程

活动 1：搜集资料

活动 2：成品制作

活动 3：上交作业与上传自媒体作品

作品链接：________________________________

三、作业反思

（完成作业的过程中遇到哪些困难，有哪些地方前期没做好，后来有什么改进方法，还有什么其他想法）

____

____

____

____

第4节
调查类

调查类拓展型作业是物理与生活结合的典型作业，是为了了解物理问题在生活中的具体体现或物理知识在生活中的具体应用情况而设计的。调查类拓展型作业既锻炼了学生的信息搜集与处理的能力，又培养了学生关心科学、技术与社会发展的责任感，加深了学生对物理学价值的理解。

主题：家庭用电情况调查与节能建议

一、内容设计

【作业目标】

通过调查了解自己家里的用电情况，增加对实际生活和生活成本的认识。通过对节能措施的思考，提高环保和节能的意识。

【完成作业的材料与条件】

（1）材料与设备：纸笔或电脑。

（2）时间与空间：周末在家里完成。

【作业说明与教师支持】

（1）调查了解自己家里一年内每个月的用电量与电费，数据输入表格文档做成柱状图或线状图。

（2）调查了解自己家里有哪些用电器耗电，思考怎样减少不必要的耗电。

（3）调查结果写成调查报告，以图文文档或视频的形式呈现，并发布在班级公众号或其他自媒体平台上。

【完成作业的环节设计】

（见学案）

【作业组织形式】

每个人独立完成。

【作业成果呈现形式】

图文文档或自媒体视频。

【作业反馈与评价】

（1）班级展示、反馈与评价。

（2）网络平台展示。

二、学案

家庭用电情况调查与节能建议

班级：____________　　　　姓名：____________

［作业目的］

1. 通过调查了解自己家里的用电情况，增加对实际生活和生活成本的认识。通过对节能建议的思考，提高环保和节能的意识。

2. 培养信息搜集与处理的能力。

［活动环节］

一、任务解读

1. 任务内容：调查了解自己家里的用电情况，了解具体有哪些电器用电，提出节约用电的建议。

2. 任务要求：

（1）调查了解自己家里一年内每个月的用电量与电费，数据先记录在学案中，再输入电脑表格文档做成柱状图或线状图，插入所写的调查报告文档。

（2）调查了解自己家里有哪些地方耗电，思考怎样减少不必要的耗电。

（3）调查结果写成调查报告，以图文文档或视频的形式呈现，并发布在班级公众号或其他自媒体平台上。图文排版要简洁美观，视频要画面和声音清晰，文件格式要适合网页或自媒体平台播放。

（4）调查报告文档或视频以“班级 + 姓名 + 航天 1/2/3”为文件名上交到物理老师的电子邮箱。上传到自媒体平台的作品要把链接分享到班级群。

（5）学案上交给老师。

二、作业完成过程

活动 1：家庭一年内每个月用电情况调查统计（如下表所示）

月份	1	2	3	4	5	6	7	8	9	10	11	12
用电量												
电费												

活动2：主要电器与用电途径调查

主要电器：______

其他耗电途径：______

节约用电建议：______

______

______

活动3：写调查报告文档（视频选做），上传网络平台

作品链接：______

调查报告参考格式：

调查目的：

调查方法：

调查数据分析：

调查结果：

结论与建议：

三、作业反思

（完成作业的过程中遇到哪些困难，有哪些地方前期没做好，后来有什么改进方法，还有什么其他想法）

______

______

______

______

第5节 参观学习类

参观学习类拓展型作业主要是组织学生到校外参观学习。参观学习类作业可以拓展学生的知识面与社会体验，增加学生对物理知识促进科技、社会发展的认识，培养学生的民族自信心与自豪感，以及热爱科学的品质与科技报国的热情。

主题：参观港珠澳大桥

一、内容设计

【作业目标】

通过集体参观港珠澳大桥和港珠澳大桥展厅，学习有关桥梁的知识和桥梁建设者刻苦攻关的奋斗精神，感受港珠澳大桥的雄伟壮丽，激发科技报国的爱国热情。

【完成作业的设备与条件】

（1）设备：能拍照的手机。

（2）时间与空间。

时间：小长假或寒、暑假一天时间。

空间：校外。

【作业说明与教师支持】

（1）本次活动由学校组织开展。组织学生们参观港珠澳大桥及其展厅，学习有关的知识，用心观察、感受、学习、思考。手机提前充好电备用。返校后写一篇不少于500字的参观学习报告。

（2）活动中听从教师和场馆工作人员的指挥，遵守交通安全，爱护公物，文明参观。

（3）不得单独离队，有事要跟队长打招呼，结伴而行，要有时间观念，每到一个停留点按时集合，清点人数，有特殊情况及时报告。

（4）参观学习结果写成参观学习报告，以图文文档或视频的形式呈现，并发布在班级公众号或其他自媒体平台上。

【完成作业的环节设计】

（见学案）

【作业组织形式】

由教师带队，学生分小组，结伴行动。

【作业成果呈现形式】

图文文档或自媒体视频。

【作业反馈与评价】

（1）班级展示、反馈与评价。

（2）网络平台展示。

二、学案

参观港珠澳大桥

班级：____________　　第____组　　组长：__________________

小组成员与分工：____

［作业目的］

1．通过集体参观港珠澳大桥和港珠澳大桥展厅，学习有关桥梁的知识和桥梁建设者刻苦攻关的奋斗精神，感受港珠澳大桥的雄伟壮丽，激发科技报国的爱国热情。

2．培养从实际生活中学习知识与获取信息的能力。

［作业环节］

一、作业解读

1．作业内容：参观港珠澳大桥和港珠澳大桥展厅。

2．作业要求：

（1）本次活动由学校组织开展。组织同学们参观港珠澳大桥及其展厅，学习有关的知识，用心观察、感受、学习、思考。手机提前充好电备用。返校后写一篇不少于500字的参观学习报告。

（2）活动中听从老师和场馆工作人员的指挥，遵守交通安全，爱护公物，文明参观。

（3）不得单独离队，有事要跟小组长和带队老师打招呼，结伴而行，要有时间观念，每到一个停留点按时集合，清点人数，有特殊情况及时报告。

（4）参观学习结果写成参观学习报告，以图文文档或视频的形式呈现，并发在班级公众号或其他自媒体平台上。

二、作业完成过程

1．准备出发：带好个人随身物品，视天气情况准备个人户外防护用品。

2. 出发集合：小组长负责提醒本组人员按时到达。

时间：____________________

地点：____________________

3. 活动结束集合：小组长负责提醒本组人员按时集合。

4. 返校后写参观学习报告：每人写一份，小组长收齐后交给老师。

第 6 节
自编习题类

自编习题类拓展型作业是物理知识的高阶应用阶段。自编习题类作业促进了学生对物理知识之间联系的理解，以及知识与问题解决之间的关系的理解，培养了学生灵活运用知识的能力与创新能力，以及学习的成就感与自我效能感。

主题："磁场"自编习题

一、内容设计

【作业目标】

（1）熟练掌握磁场安培力与洛伦兹力相关知识点。

（2）掌握磁场中力与运动问题的解题方法。

（3）提升科学思维与创新能力。

【完成作业的材料与条件】

（1）材料：纸笔、课本与教辅资料。

（2）时间与空间：周末在家完成，或者利用课余时间在学校一周内完成。

【作业说明与教师支持】

一道物理题的文字内容，包含哪几个研究对象，这些作为研究对象的物体处于什么环境中，处于什么状态，受到哪些力，已知什么条件，有什么要求或要解决什么问题。命题的组件包括对象、环境、条件与问题。"磁场"自编习题可以尝试根据学案提供的命题组件从简单到复杂进行命题。

【完成作业的环节设计】

（见学案）

【作业组织形式】

学生小组活动，每小组 2 ~3 人，每个人都要编一道习题，组内互相检查。

【作业成果呈现形式】

学案。

【作业反馈与评价】

（1）班级展示、反馈与评价。

（2）网络平台展示。

二、学案

“磁场”自编习题

班级：____________　　第____组　　组长：__________________

小组成员与分工：____

[作业目的]

1. 熟练掌握磁场安培力与洛伦兹力相关知识点。

2. 掌握磁场中力与运动问题的解题方法。

3. 提升科学思维与创新能力。

[作业环节]

一、作业解读

1. 作业内容。

（1）回忆本节解题所用到的主要知识点，并默写出来。

洛伦兹力、匀速圆周运动的运动学公式、向心力、动能定理与能量守恒定律。

常用几何关系：边的关系、角的关系。

（2）总结此类问题常用解题方法。

分析步骤：确定研究对象，分析受力与状态，结合已知量与要求量选择相应的关系式列方程求解。

常用方法：作图，分析因果关系。

常用关系：匀速圆周运动的运动学公式、牛顿第二定律（向心力方程）、几何关系；动能定理或能量守恒的关系式；时间关系、角度关系、三角函数与勾股定理。

（3）根据下列命题组件，至少选择三个要素（一个对象与两个环境要素或两个环境要素与一个对象）编一道物理题。

设置条件与问题时，可以先设置条件，从一个条件开始，看可以求出哪些物理量，然后再加一个条件，看可以求出哪些物理量，最后设置合适的条件与问题，组成一道计算题。有能力的同学可以选择四个要素命题。

（4）小组内交换解答自编计算题，看看是否合理。

2. “带电粒子在磁场中的运动自编习题”命题组件（见下页表）。

研究对象	环境	条件与问题
电子/质子/正负离子	磁场（匀强磁场或均匀辐射状磁场，有界磁场）	初状态（位置、速度、动量、能量）
带电粒子（不计重力）	电场	末状态（位置、速度、动量、能量）
带电微粒	绝缘水平面	时间
带电小球	空中（不计空气阻力）	位置或距离
其他	直杆	对象质量
	其他	对象电荷量
		电场强度
		磁感应强度
		其他

3. 作业要求。

（1）先梳理磁场中安培力与洛伦兹力相关的知识点，再自主命题。

（2）不得抄袭已有题目，要原创，运用你的创新力！

（3）返校后上交学案。需要老师指导的可以联系老师，也可以同学之间讨论。

二、作业完成过程

活动1：记录你的命题过程

1. 研究对象：________________________________

情境：________________________________

2. 设置条件与问题（尝试完成下表）：

尝试次数	条件	问题

活动2：完成的自编习题初稿

____

____

____

____

活动3：给组内其他同学做你编的题目，并进行修改

1. 在初稿中发现的问题：

2. 完成的自编习题成品与规范解答。

三、活动反思

（完成作业的过程中遇到了哪些困难，有哪些地方前期没做好，后来有什么改进方法，还有什么其他想法）

第七章

高中物理拓展型作业实施案例

本章是实践中的几个典型高中物理拓展型作业的实施案例，内容包括案例的设计过程、学案的编写、师生对作业的反思、作业产生的教学资料的应用等内容。实施案例可以为教师们实施拓展型作业提供有价值的参考。

第1节
观察分析生活中的共点力平衡问题

一、内容设计

（一）设计分析初稿

表7－1　建模分析：“生产生活中的平衡问题”设计分析初稿

教学的逻辑顺序	学习了力的合成与分解之后，接着学习共点力的平衡条件。课堂上老师一般会介绍多种处理共点力平衡的方法：合成法、分解法、正交分解法等。分析对象多为滑块、小球等，缺乏与实际生活情境的联系。因此，在学生掌握这些基本分析方法后，可以让学生观察自己身边的受力平衡问题。经历将实际情境抽象为物理模型的过程，并运用所学知识解释或分析生产生活的平衡问题，提升和培养科学思维能力
拓展型作业内容	观察生产生活中物体受到三个及以上力的作用下，处于共点力平衡的现象（以视频＋图片的方式记录下来）。将观察到的物理情境抽象成物理模型（画图说明），对该物体进行受力分析，运用共点力的平衡条件和力的合成与分解的知识，列式说明各力之间的定量关系
必要性分析	共点力的平衡条件既是对力的合成与分解的重要应用，又是受力分析思维的基本建立点。因此有必要让学生运用这一模块的知识，解决分析生产生活的实际问题，体会科学思维过程及物理知识的实用性
现实性分析	由于学生已经学习了共点力的平衡条件和力的合成与分解的相关知识，在知识和能力方面符合条件。因此进一步要求学生观察生产生活中的平衡现象，拍摄视频，需要学生周末在家独立完成

续上表

作业形式	观察并拍摄平衡场景并“建模分析”
检查与评价	课后提交建模及分析结果，上课时展示并分析评价

（二）设计分析修改稿

【作业目标】

（1）为理解共点力的平衡条件准备素材，提高物理模型建构的能力。

（2）学习解决问题的一般方法。

（3）培养创新思维与学以致用的能力。

【完成作业的设备与条件】

（1）设备：手机。

（2）时间与空间：周末回家完成。

【作业说明与教师支持】

生活中关于物体受到共点力平衡的实例非常多，只要我们细心观察就不难发现。请大家把自己生活中观察到的共点力平衡现象记录下来，包括周围生活中发生的事情，或看到的生产情境及生活现象，或自制装置形成的共点力平衡现象，按要求书写与实际情境对应的物理模型、研究对象并画出受力分析图。

记录并分析生产生活中的共点力平衡现象或自制装置是否体现下列三种情境中的至少两个，将实际情境抽象为物理模型，并选择研究对象进行受力分析，具体任务见学案。

情境1：单个物体受三个共点力作用处于平衡状态（即保持静止或匀速直线运动状态）。

情境2：单个物体受四个或以上共点力作用处于平衡状态。

情境3：多个物体受多个共点力作用处于平衡状态。

特别注意：不能转动的杆提供的力可能沿任意方向，场景结构中不要出现多于2根杆的情况。

【完成作业的环节设计】

（见学案）

【作业组织形式】

学生小组活动，每小组3~5人。

【作业成果呈现形式】

学案、照片。

【作业反馈与评价】

（1）班级展示、反馈与评价。

（2）网络平台展示。

二、学案

观察分析生活中的共点力平衡问题

班级：＿＿＿＿＿＿　第＿＿组　组长：＿＿＿＿＿＿＿＿

小组成员与分工：＿＿＿＿＿＿＿＿＿＿＿＿＿＿＿＿＿＿＿＿＿＿

［作业目的］

1．为理解共点力的平衡条件准备素材，提高物理模型建构的能力。

2．学习解决问题的一般方法。

3．培养创新思维与学以致用的能力。

［作业环节］

一、作业解读

1．作业内容。

观察生活生产中的共点力平衡现象，并画出简化图与受力分析图。

2．作业要求。

（1）观察三力平衡、四力平衡和多力平衡中至少两种情况。

（2）拍摄多张共点力平衡的场景图，要求画面清晰，亮度适中（不宜曝光过度或太暗），能完整呈现重要的受力结构及部件（可多角度拍摄同一场景）。

（3）照片以“班级＋第几组＋共点力平衡1/2/3…”为文件名发送到物理老师的电子邮箱。

（4）学案上交给老师。

二、作业完成过程

活动1：观察“共点力平衡”现象并拍照记录

活动2：根据观察到的“共点力平衡”现象，抽象出研究对象并分析受力（见下表）

实际情境示例：  三力平衡：物体被两根轻绳吊着处于静止状态 研究对象：吊灯	物理模型示例： 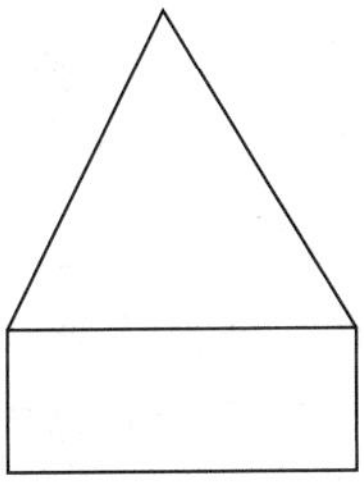	受力分析示例：（将研究对象所受到的共点力全部画在重心上） 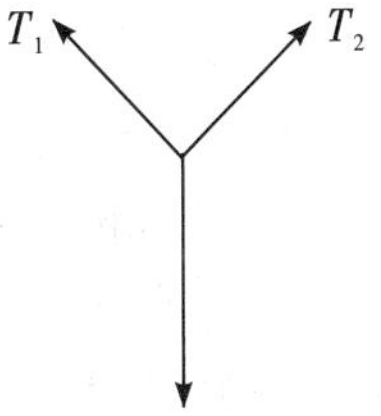

续上表

实际情境：	物理模型：	受力分析：
实际情境：	物理模型：	受力分析：
实际情境：	物理模型：	受力分析：

活动3：上交照片

三、作业反思

（完成作业的过程中遇到哪些困难，有哪些地方前期没做好，后来有什么改进方法，还有什么其他想法）

____

____

____

三、教师作业反思

林玉（老师）：关于“共点力的平衡”拓展型作业实施后的反思

本次拓展型作业时间为11月17—18日，学生利用周末时间完成。在作业布置前本人参考了张娜老师“关于测量楼房高度”的拓展型作业，结合本次作业的特点及高一小组讨论会上的建议，将作业的布置细节进行完善。例如：添加了活动目的、具体要求以及案例展示等细节。在活动中出现的“特别注意：不能转动的杆提供的力可能沿任意方向，场景结构中不要出现多于2根杆的情况”来自于本人在活动前对生活中的共点力平衡场景的观察，并结合高一学生关于受力分析的认知现状所做出的合理要求。在案例展示的选取方面，刚开始选择了4个共点力作用的场景，且为明显的立体受力图。当听从了崔楠老师的建议后，感觉这样的案例展示会对学生的作品选择及观察视角产生不利的影响。学生在第一反应上会模仿案例，如果展示的作品过于复杂或立体化，不利于在课堂教学中进行有效利用和评价。因此，我在斟酌后换成了一些简单对称的三力平衡问题作为案例来展示。

完成情况：高一（12）班班级总人数56人，共计收到图片及视频作品43份，文字说明作品30份。完成量相对于班级总人数而言偏少。原因分析：很大程度上是因为第一次的拓展型作业布置实施后，未能及时进行评价及反馈，进而导致学生参与积极性大幅下降。因此在本次及今后的拓展型作业实施后，一定要及时进行有效的展示及评价，如此才能更好地激发学生参与这类活动的持续动力。另外对于没有按要求甚至没有参与完成拓展型作业的学生，应及时了解情况并提出补救措施，例如：教师可以将被替换"常规型作业"的任务量布置给这些学生，要求学生按时按量完成；或者在下一周要求学生重新完成拓展型作业等，如此可以有效减少由于懒惰而不参与完成作业学生的数量。

反馈及评价：本次作业实施后，在11月22日的课堂上，结合新课——共点力的平衡条件，设计结合学生拓展型作业具体作品的教学课件（见资料收集），在正课教学中展示、点评、分析、讲解分析方法等。对优秀作品进行表扬，鼓励学生分析受力情况。课堂上学生看到自己拍摄的作品被作为"例题"进行分析时，参与度明显提高，注意力更加集中，语言和肢体表现出满满的自信。在课堂上，共计展示出15张图片或视频进行场景分析及点评，表扬的人数共12人。虽然初有成效，但并没有全部展示学生拓展型作业情况，且对学生自己结合场景的受力分析结果未进行展示。教师采用引导的方式，使师生共同进行受力分析，难以看出学生独立进行受力分析的能力。若能结合学生自己对拍摄场景的受力分析作品，师生共同展示，效果将更佳。学生即便在独立分析时遗漏或多画了力，但经由其他学生共同指出后，记忆会更加深刻。如此便能有效提高学生结合场景建立物理模型及选取研究对象进行受力分析的能力。

总结：

1. 作业在布置前应考虑任务的细节注意点，提升作业优质完成率的预期。

2. 作业实施后，教师应及时进行作业情况的反馈、展示及评价。

3. 作业反馈应尽量完善，涉及人数更多，涉及的反馈点要更加全面。

崔楠老师：一点总结

今年有幸加入谭国武老师的课题组"核心素养导向下高中物理拓展型作业的设计与应用研究"。我选择了高一（17）班作为实验班级进行研究。

第一次拓展型作业是共点力的平衡，教师让同学们拍摄生活中共点力平衡的实例，寻找研究对象，建立模型，受力分析，建立平衡方程。

当教师在课堂上展示同学们的作品时，学生发出一阵阵的惊叹声，教师对学生的作品进行分析，列式，从生活走向物理。最为精彩的是陈俊的作品和麦俊杰的作品。当在课堂讲解时利用这些同学们自己找到的生活中的例子、情境时，同学们的热情一下子被点燃，我们非常顺利地实现从生活走向物理的目标。之后讲到类似问题时，同学们会自动带入某某家的风扇、某某的水壶。有部分同学的作业情境相对单一。

第二次拓展型作业是让同学们查阅资料，以小组合作的形式，制作PPT课件用于解说课本中物理科学家的生平事迹。7个宿舍选择了7个科学家，其中王玙璠制作的密立根

PPT 课件，其精湛的技术令我们惊叹，叶俊杰解说的牛顿与胡克的生平也是本次活动的亮点。

四、资料应用

（一）课堂应用

在高中物理必修 1 第三章“相互作用——力”的章末复习课中，学生的拓展型作业资料可以用于课堂教学中。例如：

例题 1：质量为 1 kg 的书静止在斜面上（学生把课本放在斜板上），斜面倾角为 37°，求斜面对书的支持力与摩擦力大小。g 取 10 m/s^2。（已知 sin 37° = 0.6，cos 37° = 0.8）

例题 2：如图，已知一幅画的质量为 2 kg，被一根轻绳绕过光滑的钉子挂在竖直墙壁上，画的上边框水平，绳子与水平方向的夹角均为 30°，求绳子拉力的大小。（g 取 10 m/s^2）

（二）教师教研论文例举

以下论文发表于 2019 年 10 月的《中学物理教学参考》：

作者：林玉

标题：基于拓展型作业培养学生核心素养——以观察与探究“生活中的共点力平衡”为例

论文摘要：以高中物理拓展型作业——观察与探究“生活中的共点力平衡”为案例，从教学的逻辑顺序、必要性和现实性三个维度阐述其设计原则。作业服务于“共点力的平衡条件”的新课教学，重点在于培养学生模型建构和科学推理的能力。从本次作业的设计、作业的布置与完成过程、作业的课堂评价与学生反思、作业的总结与反思对该拓展型作业进行了案例分析。

第2节
测量楼房的高度

一、内容设计

内容设计分析见表7－2。

表7－2　建模分析："测量楼房的高度"拓展型作业设计分析初稿

教学的逻辑顺序	学习了自由落体运动规律后，将规律应用于实际生活，对楼房高度进行测量，促进知识的内化
拓展型作业内容	设计三种方案，测量四层教学楼的高度；完成测量报告并提交测量视频
必要性分析	为进一步强化学生对自由落体这一理想模型的建构，在学生学习完"自由落体运动规律"一课后，将课后"实践与拓展"栏目的"测量反应时间"活动进行有效延伸，设置"测量四层教学楼的高度"这一新课之后的探究类拓展型作业。教学楼里的教室是学生在校学习的地方，看似熟悉，却鲜少有人知道教学楼到底有多高。选择教室所在的五楼（即四层楼高）作为测量对象，能够充分调动学生的积极性。将最初的"测量四层教学楼的高度"修改为"设计三种方案，测量四层教学楼的高度"，给予学生较大的发挥空间，以看似简单的拓展型作业来达到"四两拨千斤"的效果
作业形式	测量
检查与评价	教师检查学生的测量报告及测量视频

二、学案

见第八章第1节。

三、教师作业反思

张娜（老师）："测量楼房高度"实践反思

2018年10月16日至17日，在此期间我第二次尝试布置观察与探究活动，本次活动的主题是"用三种方式测量楼房的高度"。与第一次的活动"观察生活中的摩擦力"相比，本次活动在"观察"的基础上融入了"实验设计"这一部分，这就要求学生不仅要知道实验原理的知识，还要知道如何应用，同时对测量过程中的误差进行分析，对学生的能力要求更高。

18日，三个班级的学生一共上交了41份视频。我对学生视频进行分析，发现学生采用的测量方式主要有三种，第一种是采用"每一级阶梯的高度×阶梯总数"的方式进行测量；第二种是利用"绳子"直接进行测量；第三种方式是采用"自由落体测得时间"再利用位移公式进行换算的方式进行测量。同学们对四层教学楼的高度测量结果五花八门，有20多米的，有6米多的，有15米多的。

综合分析，以上测量结果出现偏差较大的原因在于以下两种意识的缺乏。

1. 规范测量意识

在采用第一种方式进行测量时，几乎所有的学生都是直接用刻度尺边缘对齐阶梯的下边缘，然而刻度尺的下边缘并非"0"刻度线。这样一来，每一级阶梯的高度会偏大5毫米左右，四层楼有近100级阶梯，累计下来测量结果会偏大0.5米；还有几组同学直接用三角板测量阶梯高度，然而三角板并没有一级阶梯那么长，学生就"大概"做个标记，再挪动三角板接着测。

在采用第二种方式进行测量时，有些学生是采用"绳子测量一层楼的高度×楼层数"，然后他们在"测量一层楼"的高度时是从栏杆处开始的；还有些学生是直接用足够长的绳子测量四层楼的高度，绳子够长却没有足够长的钢尺，于是他们就把绳子折叠成相同长度的很多段，先用钢尺测量一段的长度再乘以段数，然而折叠处的长度并没有考虑。

2. 反思意识

在采用第三种方式进行测量时，有学生利用"塑料瓶盖"做落体运动，在拍摄的视频画面中都能清晰地看到塑料瓶盖的曲线轨迹；有的学生已经按下了秒表可重物却还没有离手，导致测量出的时间误差很大；部分同学用两种不同方式测量同一层楼房的高度，测量数据相差很大，但没有去思考数据相差很大的原因，也没有想去调整实验方案。

暴露问题或许是观察与探究系列活动的另一项收获。如果只是在课堂上发问“同学们，塑料瓶盖的下落能否被近似看作自由落体运动?”“刻度尺的测量需不需要减去边缘的长度?”，相信许多学生都知道答案。然而，当要求自己动手时，这样或那样的问题就出现了，而这些问题是学生会直接忽略的，或者说从不会想到“原来还要考虑这些”！这也反映出学生课堂所学的内容与实际生活严重脱节，并没有自主完成“从生活走向物理，从物理走向社会”。

当然，大部分的学生通过动手测量，对于楼层的高度有了清晰的概念，并对“通过自由落体运动测量高度”有了从理论到实际的认识。本次活动中最大的惊喜是，有的学生在没有绳子可用的情况下，创新性地想到利用“卷纸”来直接测量楼层的高度！一卷纸巾足够测量四层楼的高度，而卷纸每一节的长度相同，测量过程不仅简便而且更准确，让人惊叹不已。

另外，有学生利用“橘子”做落体运动，在视频的结尾分明听到了路人的尖叫声，说明学生在进行实验时并没有观察测量环境是否安全。

如何利用本次活动激发学生的规范测量和反思意识、安全意识，是教师接下来要思考的问题。

四、资料应用

（一）课堂应用

学生测量资料命题举例：

某同学用一卷卷纸测量教学楼四层楼的高度，他把卷纸一段握紧在手上，对齐五楼地板释放，测得 1.6 s 后听到落地声音，卷纸从释放处到落地处拉直后有 100 节，量得每节卷纸长度为 12 cm，求四层楼房的高度。

此题可以引导学生讨论：为什么两种算法结果不一样，哪种算法更准确。

（二）教师教研论文实例

以下论文发表在 2020 年 3 月份的《中学物理》。

作者：张娜

标题：高中物理综合探究类拓展型作业的设计与评价——以“设计三种方案，测量四层教学楼的高度”为例

论文摘要：综合探究类拓展型作业是培养学生科学探究能力及创新精神的行之有效的方式. 以“设计三种方案，测量四层教学楼的高度”为例，分析了作业的设计要遵循“学以致用”与“知行合一”、贴近生活与灵活开放、合作探究与能力立意的原则；对作业的评价要以促进学生核心素养的发展为导向，遵循过程性评价与终结性评价相结合、学生自评与生生互评相结合的原则。

第3节 物理学家生平事迹主题演讲活动

一、内容设计

（一）内容设计分析

表7－3　物理学家生平事迹主题演讲活动设计分析

教学的逻辑顺序	临近学期结束，对课本上所出现的物理学家的生平事迹进行演讲
拓展型作业内容	搜集资料，撰写演讲文稿，进行演讲
必要性分析	通过学生对物理学家科学事迹的演讲，在物理观念、科学思维、科学探究、科学态度与责任方面培养学生的核心素养
现实性分析	比较容易实现，学生容易获得资料，可以完成
作业形式	PPT，演讲
检查与评价	课堂点评

（二）内容设计初稿

【作业目标】

了解物理学家的生平事迹，学习其科学精神。

【完成作业的设备与条件】

（1）设备：电脑、网络。

（2）时间与空间：周末回家完成。

【作业说明与教师支持】

（1）通过上网查询或图书馆查阅资料，了解你想介绍的科学家的生平事迹。

（2）查询内容整理成文字和图片，也可以制作简短的视频，可以做成课件用于班级演讲，也可以编排图文发到公众号或自媒体，或者做成短视频发到自媒体平台。

【完成作业的环节设计】

（见学案）

【作业组织形式】

学生小组活动，每小组 3 ~5 人。

【作业成果呈现形式】

学案、照片。

【作业反馈与评价】

（1）班级展示、反馈与评价。

（2）网络平台展示。

二、学案

物理学家×××生平事迹

班级：____________　　第____组　　组长：__________________

小组成员与分工：____

［作业目的］

1. 了解物理学家的生平事迹，学习其科学精神。

2. 培养信息搜集与处理的能力，锻炼表达能力，培养综合素质。

［作业环节］

一、作业解读

1. 作业内容。

（1）通过上网查询或图书馆查阅资料，了解你想介绍的科学家的生平事迹。

（2）查询内容做成课件用于班级演讲，也可以做成图文发到公众号或自媒体，或者做成短视频发到自媒体平台。

2. 作业要求。

（1）各宿舍选择一位本学期物理学习中接触到的科学家，以“×××生平事迹”为题做一个演讲。要求做好演讲课件和演讲稿，宿舍成员分工合作。

（2）课件要图文并茂，文字大小合理，课件页面色彩不要太复杂，要使课件看起来清晰舒适。发自媒体的图文排版要简洁美观，视频要画面和声音清晰，文件格式要适合网页或自媒体平台播放。

（3）采用来源可靠的科学家事迹，搜集资料时要把来源的网站或书籍作为参考文献（格式请上网查）记录下来，并附在课件相关内容那一页的最下方，图文中参考文献附在文末，视频中参考文献可以列在视频末尾，也可以放在同一画面的下方。

（4）课件、图文或视频以“班级 + 第几组 + 航天 1/2/3”为文件名发送到物理老师的电子邮箱。上传到自媒体平台的作品要把链接分享到班级群。

（5）学案上交给老师。

二、作业完成过程

活动 1：搜集资料

活动 2：课件制作

演讲稿：（另附纸稿）

活动 3：上交作业与上传自媒体作品

作品链接：________________________________

三、作业反思

（完成作业的过程中遇到哪些困难，有哪些地方前期没做好，后来有什么改进方法，还有什么其他想法）

____

____

____

____

三、师生作业反思

王玙璠（学生）：物理拓展型作业反思

在 12 月的一次晚修课上，我们以分组制作 PPT 并进行讲解的形式，开展了物理学家的介绍活动。此次经历令我深有感触。

小组中我主要负责 PPT 的制作。结合组员提供的资料以及对流程的合理安排，我对最终呈现的 PPT 效果较为满意。然而，在小组协作过程中，仍存在一些问题，例如信息搜集不够全面、部分成员态度敷衍等。尽管我们尝试安排全员参与，但未能充分调动每位组员的积极性，使得此次活动的潜力未能得到完全发挥。尽管如此，这次活动确实增进了组员之间的交流，也让我意识到小组合作是一种值得提倡的学习方式。

此次活动也拓宽了知识面，加深了我对课本物理内容的理解。在制作 PPT 的过程中，我不断整理、提问和查阅资料，深刻认识到扎实掌握基础物理知识的重要性。只有在对基础物理有全面认知的基础上，才能进一步深入学习并取得成果。

在讲解环节，我们小组的表现不尽如人意。这反映出我们前期准备不足：我所安排的三位组员对 PPT 内容不够熟悉，所以只能照本宣科，无法提炼核心观点。最终，我不得不临时做了补充讲解，但由于准备不足，表达略显生涩。所幸，我在制作 PPT

时对内容进行了深入研究并整理成文档，才勉强回答了同学的提问。

相比之下，404 宿舍的表现更为出色，尤其是他们对牛顿的介绍给我留下了深刻印象。我认为他们的成功主要体现在以下三点：第一，讲解人对内容非常熟悉，能够自如地分享自己的理解，并全面应对同学的提问；第二，所选人物具有较高的公众认知度，无需过多学术背景介绍，可直接切入大家不太了解的方面；第三，他们的叙述生动有趣，而非单纯罗列生平事迹。这让我明白，讲解应从自己最熟悉、理解最透彻的角度切入，才能呈现最佳效果。

回顾此次活动，尽管在讲解过程中我未能完全记住内容，但亲身参与仍让我收获颇丰。作为一种物理趣味学习，这样的学习方式是具有一定的价值的。希望未来能有更多机会参与类似的活动。

崔楠（老师）：拓展型作业实施随笔

在必修 1 的教学临近结束时，为了增强学生对于物理科学家的了解，我开展了第二次拓展性学习，本次学习以小组合作的方式完成对物理科学家的介绍。同学们根据宿舍分为 7 个组，分别选择了 7 位科学家进行介绍。

15401 宿舍：介绍的是伽利略，一个医学院毕业的物理学家，当介绍到他物理以外的才华时，同学们很开心。

15402 宿舍：介绍的是卡文迪许，特别是他的实验室。

15403 宿舍：介绍的是亚里士多德。

15404 宿舍：介绍了牛顿，这是这次分享解说环节最精彩的一个，叶俊杰同学本就是一个口才很好的同学，他用风趣幽默的方式介绍了牛顿和胡克之间的恩怨情仇，介绍过程中同学们发出了一次次的笑声。牛顿在物理上的伟大成就和对待胡克的行径，让一些同学很是诧异。

6101 宿舍：介绍了特斯拉，科学家也是可以看脸的。

6102 宿舍：介绍了密立根，这个科学家大家有些陌生。这一小组的课件是所有课件中制作最为精美的。

7513 宿舍：介绍了麦克斯韦，中间还邀请了对物理特别感兴趣的同学来讲解。

已经学过的科学家，同学们较为熟悉，喜欢听除了物理学科外的趣事。不熟悉的大家听不太懂，大致知道是高中物理的哪部分知识，后续会关注相关领域科学家的成就。

本次分享评价我利用的是周日第二节课，时长约 1 小时，我认为这次的活动是比较成功的，每个小组都以 PPT 的形式呈现本组的学习成果，锻炼了大家分工合作的能力和解说的能力。PPT 良莠不齐，一些同学还不会制作。

在这个活动中，我基本没有发言，充当了一次观众的角色，只在学生有疑问的时候，稍稍解答。

关于本次活动，我有几点疑惑：

（1）教师在这样的活动中该怎么做才能发挥引领作用？

（2）PPT 解说结束后，同学们有些意犹未尽，如果能配合此次讲解，各小组画出一份手抄报张贴于教室后，效果更佳。

（3）介绍教材中已出现的科学家，同学们感觉没什么太大兴趣，只想知道花边信息，教材中没有出现的，原理又不清楚。

进行物理学家科学生平事迹主题演讲的必要性。

1. 知识与技能方面

通过对物理学家科学生平事迹为主题的演讲，可以加深学生对基本概念和基本规律的理解，培养学生观察、实验的能力。

对于物理学中的各个基本概念、基本定律和基本理论，只有了解它们的形成和发展的过程，才能让学生将其逻辑性和历史性相结合，从而深入理解、掌握，构建全面正确的知识体系。历史上科学家在形成物理概念、认识物理规律的过程中所遇到过的困难、所产生过的错误想法、所做出的一些错误判断等，学生在学习过程中往往容易产生类似的情况。在教学中如果适当安排一些物理学史的内容，就会引导学生进行正确的思考，让学生踏着历史的足迹，从认识发展的历史中反思自身的错误观念，建构起正确的物理概念和规律。

例如，在惯性定律的教学中，由于日常生活看不到惯性定律所描述的不受力的环境，学生没有感性认识，对定律的理解感到困难，所以教学中把历史上人们对力是不是物体运动原因的认识展现给学生，把伽利略的理想实验、推理、直至牛顿总结惯性定律的历史过程讲授出来，学生自然就把错误的认识排除掉，逐步想象出惯性定律所描述的状态，更深刻地理解这个定律。

2. 过程与方法方面

学生在科学学习中的探究与科学家研究自然界的科学探究有相似的特征，都要经历提出问题、假说或猜想、收集证据、解释、评价、交流与推广等环节，在课堂上教师可选择物理学史上著名的实验或发现事例，经简化、设计，形成富有启发性的材料，让学生“追踪”当年科学家的发现思路，模拟科学家的发现过程，领会科学家的思维方法，而不只是介绍结论。以学生的探究活动为主线，创设情境让学生对典型的历史探究案例进行再探究，这样做虽然不是真正的科学“发现”或“创造”，但教师引导学生在短期内做了科学家多年呕心沥血才做成的事，不仅激励了学生学习科学家锲而不舍、奋发探索、勇于献身、敢于创新的精神；学生从中也学到了物理学的一些探究方法，丰富了自己的思路，其探索过程是具有创造意义的。而且在科学探究学习中通过交流成果，能使学生在归纳问题、口头表达、交往、自信心、宽容心等一系列方面得到充分的锻炼。

3 情感态度与价值观上

激发学生的兴趣和求知欲，有利于学生“终身学习”。新课程改革注重学生的社会性发展，倡导学生之间由“竞争”转为“合作”，促进学生之间的理解、沟通与形成共识，有利于培养学生严谨的科学态度和踏实的学风，也有利于培育学生的人文精神。

四、资料应用

（一）课堂应用

课堂相关物理学史教学应用。

（二）教师教研论文实例

以下论文发表在 2019 年 4 月份的《广东教学报》教育综合板块。

作者：崔楠

标题：基于拓展型作业培养学生核心素养的案例——以物理学家科学生平事迹主题演讲为例

论文摘要：基于拓展型作业培养学生核心素养的物理学家生平事迹主题演讲活动是一种新的物理教学方式，它不同于传统的物理教学，通过学生对物理学家生平事迹的演讲，在物理观念、科学思维、科学探究、科学态度与责任方面培养学生的核心素养。

第 4 节
参观学习

一、内容设计

【活动目的】

通过集体参观与物理学科紧密相关的公司，了解相关行业发展现状，进一步加深对科学技术与社会发展的紧密关系的认识，直观感受科技就是第一生产力，学习新时代社会主义建设者艰苦创业刻苦攻关的奋斗精神，激发科技报国的爱国热情。

【时间与空间】

时间：2024 年 3 月 16 日。

空间：校外。

【作业说明与教师支持】

（1）本次活动由学校组织开展，参观中山市的瑞科新能源有限公司、德华芯片技术有限公司、欧普照明电器有限公司三家公司，学习有关的知识，用心观察、感受、学习、思考，手机提前充好电以备有事联系。返校后写一篇不少于 500 字的参观学习报告。

（2）活动中听从带队老师和公司工作人员的指挥，遵守交通安全，爱护公物，文明参观。

（3）不得单独离队，有事要跟队长打招呼，结伴而行，要有时间观念，在每个停留点队长按时清点人数，有特殊情况及时报告。

（4）参观学习结束返校后上交参观学习报告。自愿制作参观学习图文文档或视频，经老师审核后发布至网络平台。

【完成作业的环节设计】

（见学案）

【作业组织形式】

由老师带队，学生分小组，结伴行动。（大概每10个学生安排一位老师带队）

【作业成果呈现形式】

学案、图文文档或自媒体视频。

【作业反馈与评价】

（1）班级展示、反馈与评价。

（2）网络平台展示。

（3）根据过程表现和参观学习报告评选表现优秀者并给予奖励。

二、学案

参观研学学案

班级：____________　　第____组　　组长：__________________

小组成员与分工：____

［作业目的］

（1）通过集体参观与物理学科紧密相关的公司，了解相关行业发展现状，进一步加深对科学技术与社会发展的紧密关系的认识，直观感受科技就是第一生产力，学习新时代社会主义建设者艰苦创业刻苦攻关的奋斗精神，扩大视野，增加人生阅历。

（2）通过校外参观学习，舒缓身心压力，放松精神，达到劳逸结合的目的，同时也有助于增强社会观察能力。

［活动环节］

（1）集合上车：3月16日上午8：00校门口广场集合上车。

（2）公司现场参观。

（3）公司专家讲座。

（4）总结分享。

（5）集合返校。

［活动要求］

（1）本次活动由学校组织开展，参观中山市的瑞科新能源有限公司、中山市德华芯片技术有限公司、欧普照明电器有限公司三家公司，学习有关的知识，用心观察、感受、学习、思考，手机提前充好电以备有事联系。返校后写一篇不少于500百字的参观学习报告。

（2）活动中听从带队老师和公司工作人员的指挥，遵守交通安全，爱护公物，文明参观。

（3）不得单独离队，有事要跟队长打招呼，结伴而行，要有时间观念，在每个停留点队长按时清点人数，有特殊情况及时报告。

(4) 参观学习结束返校后上交参观学习报告。自愿制作参观学习图文文档或视频经老师审核后发布至网络平台。

参观学习感想（500 字以上）：

____

____

____

____

三、学生参观学习感想摘录

参观学习心得体会

高二（11）班　郎加

在王老师的带领下，我们前往瑞科公司进行参观学习。短短数小时的参观，令人感触颇深。首先，从背景来看，瑞科公司隶属于明阳集团，主要从事太阳能电池及发电玻璃的研发。其最为突出的成就是薄膜太阳能电池的制造技术。该技术在全球范围内处于领先地位，填补了中国在这一领域的空白，堪称重大突破。

参观过程中，我们跟随解说员进入展厅，面对展板，解说员详细介绍了公司的科研成果。展厅内陈列着众多发明专利证书，浓厚的科技氛围激发了我们的兴趣。我们认真聆听讲解，深入了解了各类太阳能电池的材料、型号及实际应用案例。值得一提的是，因西藏地区地理条件特殊，所以充分利用太阳能等新型能源可以有效解决当地的能源问题。这充分体现了科技进步的巨大作用。

最令人印象深刻的是，当我们经过办公区域时，看到每位工作人员正全神贯注地专注于电脑前工作。据解说员介绍，该公司员工均毕业于国内知名高校，公司还拥有国家级实验室和博士科研团队，精英云集。在这样的优质环境中工作，个人的成长与进步不言而喻。

此次参观活动不仅开阔了我们的视野，更让我们认识到科技发展的重要性。面对激烈的国际竞争，作为青年一代，我们更应意识到自身肩负的责任，勇于迎接挑战，努力为国家的科技进步贡献力量。这是一次非常有价值的科技之旅，也让我们看到了国家未来发展的无限可能。

第八章

高中物理综合实践活动与跨学科学习

根据高中物理拓展型作业的概念界定，综合实践活动与跨学科学习也可以被视为拓展型作业的一种，但由于这两种形式与其他拓展型作业在内容与完成时间、难度方面有明显的不同，在当前时代的现实条件下，难以被整合进常规的教学中去，因此被单列为一章。

第1节 高中物理综合实践活动

《中小学综合实践活动课程指导纲要》（教育部2017版）中对综合实践活动的定义为：综合实践活动是从学生的真实生活和发展需要出发，从生活情境中发现问题，转化为活动主题，通过探究、服务、制作、体验等方式，培养学生综合素质的跨学科实践性课程。

本书所述高中物理综合实践活动是基于物理的实际问题以及解决问题的知识，与高中物理紧密相关的一类拓展型作业。高中物理综合实践活动主要内容是针对实际问题，综合运用各种不同的知识和方法，使问题得到解决。高中物理综合实践活动具有开放性，即解决问题的知识与方法不是唯一的，因而为培养学生创新思维提供了广阔的空间。每个学期开展的综合实践活动的学习主题，需要根据所学新课内容来选择。

一、高中物理各模块综合实践活动主题例举

表8－1　各模块综合实践活动主题例举

序号	模块	综合实践活动主题
1	必修1	多种方法测量楼房的高度
2	必修2	以宇宙航行为主题写一篇硬科幻故事
3	必修3	制作一个以可变电容器为核心的传感器
4	选择性必修1	用多种方法测量学校当地的重力加速度
5	选择性必修2	制作一个简单的自动控制装置
6	选择性必修3	制作一个可以收集能源并存储起来的装置
7	综合	观察傅科摆感受地球的自转
8	综合	基于物理知识开发小魔术
9	综合	基于物理知识的科学表演

二、内容设计与学案举例

以下以必修 1 综合实践活动“多种方法测量楼房的高度”为例，进行内容设计与学案举例。

综合实践活动：多种方法测量楼房的高度

（一）内容设计

【作业目标】

（1）通过综合运用各种方法测量楼房的高度，巩固相关知识。

（2）学习解决问题的一般方法。

（3）培养创新思维与学以致用的能力。

【完成作业的材料与条件】

（1）材料：根据学生自己的测量原理准备。

（2）时间与空间：在学校课后时间测量。

【作业说明与教师支持】

测量楼房的高度与多种知识相关，既可以是物理知识，也可以是数学知识，运用至少三种方法测量楼房的高度。建议在上午或下午放学后进行，也可以在周末进行。

【完成作业的环节设计】

（见学案）

【作业组织形式】

学生小组活动，每小组 3 ~5 人。

【作业成果呈现形式】

学案（包含测量报告）、讲解视频。

【作业反馈与评价】

（1）班级展示、反馈与评价。

（2）网络平台展示。

（二）学案

多种方法测量楼房的高度

班级：____________　　第____组　　组长：____________

小组成员与分工：________________________

［作业目的］

1. 通过综合运用各种方法测量楼房的高度，巩固相关知识。

2. 学习解决问题的一般方法。

3. 培养创新思维与学以致用的能力。

[作业解读]

1. 作业内容。

运用三种或三种以上的方法测量四层（或其他层）楼房的高度。

2. 作业要求。

（1）测量四层教学楼的高度，或测量你家所在楼层距地面的高度。以上项目中，任选一个完成。每个项目需设计三种方案并实施。

（2）特别注意：在保证自身和他人安全的前提下进行测量。

（3）在学案中写好测量报告，并拍摄视频讲解你们小组的三种测量方案与测量过程、结果。录制测量讲解的视频（自己一定要入镜），视频长度在 3 ~5 分钟。其中，视频要求画质清晰，画面背景不杂乱，避免出现一会儿横屏一会儿竖屏的情况。讲解的语言清晰简洁、无明显噪音。

（4）视频以“班级 + 第几组 + 测量楼房高度”为文件名发送到老师的电子邮箱 ××××。上传到自媒体平台的作品要把链接分享到班级群。

（5）学案上交给老师。

3. 测量报告。

（1）测量原理简介：

（2）所需要的测量工具与材料：

（3）测量操作步骤：

（4）测量数据记录：

（5）测量数据处理：

（6）测量结果与误差分析：

4. 活动总结。

（1）三种方案的比较。

（2）操作过程反思感悟。

（完成作业的过程中遇到哪些困难，有哪些地方前期没做好，后来有什么改进方法，还有什么其他想法等）

第 2 节

高中物理跨学科学习

自本次新课程改革以来，跨学科学习模式越来越被重视。特别是在高中物理教学中，通过与其他学科的结合，可以帮助学生建立更加全面和深入的知识体系，激发学生的学习兴趣，培养学生的创新思维和解决问题的能力。

一、高中物理跨学科学习的重要性

高中物理跨学科学习是高中物理拓展型作业的形式之一。高中物理作为自然科学的一个重要分支，跨学科学习主题不仅能增强学生对物理学科知识的理解和应用能力，还能促进不同学科之间的知识融合，拓宽学生的知识视野，培养学生的创新思维和跨学科解决问题的能力，从而满足现代社会对复合型人才的需求。

（一）增强学生对物理学科知识的理解和应用能力

物理学是研究自然界基本规律的科学，它的原理和概念广泛应用于各个领域。通过跨学科的学习方式，学生可以将物理学的理论与其他学科的知识相结合，如化学、生物学，甚至经济学，从而加深对物理学科知识的理解。例如，学习热力学的概念时，结合生物学中的代谢过程，可以帮助学生更好地理解能量转换和守恒的原理。这种跨学科的学习方法使学生能够在实际问题中应用物理学原理，提高解决问题的能力。

（二）促进不同学科之间的知识融合，拓宽学生的知识视野

跨学科学习能够打破传统学科之间的界限，促进不同学科知识的交流和融合。这种融合不仅能够拓宽学生的知识视野，还能激发学生的学习兴趣，增强学习动力。例如，将物理学与艺术结合，探索光与色彩的关系，不仅能够帮助学生理解光学原理，还能激发学生对艺术的兴趣。通过这种方式，学生能够从多个角度理解和掌握知识，为未来的学习和生活打下坚实的基础。

（三）培养学生的创新思维和跨学科解决问题的能力

在解决复杂问题时，往往需要综合运用多学科的知识和方法。跨学科学习能够培养学生的创新思维，鼓励学生跳出传统的思维模式，从不同学科的角度思考问题，寻找创新的解决方案。这种能力对于学生未来的学习和工作至关重要。例如，在研究环境问题时，物理学的知识可以与地理学、生物学等学科相结合，进一步寻找更有效的解决方案。这种跨学科的思维方式使学生在未来面对复杂问题时，能够灵活运用知识，创造性地解决问题。

（四）满足现代社会对复合型人才的需求

随着社会的发展和科技的进步，现代社会对人才的要求越来越高，不再局限于某一专业领域的知识，而是需要具备跨学科的知识体系和综合解决问题的能力。通过跨学科学习，学生能够掌握多学科的知识，培养综合运用知识解决实际问题的能力，满足现代社会对复合型人才的需求。这种教育方式有助于学生在未来的职业生涯中适应不断变化的工作环境，成为具有创新能力和综合素质的人才。

综上所述，高中物理的跨学科学习主题对于学生的全面发展具有重要意义。它不仅能够增强学生对物理学科知识的理解和应用能力，还能促进不同学科之间的知识融合，拓宽学生的知识视野，培养学生的创新思维和跨学科解决问题的能力，满足现代社会对复合型人才的需求。因此，学校和教师应该重视跨学科学习的实施，为学生提供更多跨学科学习的机会，帮助学生在未来的学习和生活中取得成功。

二、高中物理各模块跨学科学习主题

表 8－2　高中物理各模块跨学科学习主题例举

序号	跨学科	跨学科学习主题
1	物理＋数学＋信息技术	斜抛物体射程与发射角度的数学模型分析
2	物理＋工程＋生物＋其他	火星生活区的设计
3	物理＋化学	制作一个能实际使用的电池
4	物理＋环境＋其他	减弱室外噪声方案设计
5	物理＋音乐＋其他	制作一个电子乐器
6	物理＋文学	科幻小说中的物理概念

三、高中物理跨学科学习主题设计实例

斜抛物体射程与发射角度的数学模型分析

一、活动背景

斜抛运动是一种常见的物理现象，广泛存在于日常生活和各种体育运动中，如投掷铅球、排球扣杀等。理解斜抛运动的射程和发射角度之间的关系，对于提高学生的物理认知能力和数学应用能力具有重要意义。本次活动旨在让学生深入理解斜抛运动的基本物理概念，掌握数学模型的构建与分析方法，培养跨学科思维，提高解决问题的能力。

二、活动目标

1. 理解基本物理概念：通过实际活动，让学生理解斜抛运动的射程、发射角度等基本物理概念。

2. 学习数学模型的构建与分析方法：教会学生使用数学工具描述物理现象，构建数学模型，并进行简单的分析。通过模型分析与实验验证，了解理想模型与实际现象之间的差别。

3. 培养跨学科思维：鼓励学生将数学和物理学的知识综合运用，解决实际问题。

4. 提高解决问题的能力：通过分组合作，让学生在解决问题的过程中学会沟通、协作和批判性思考。

三、活动环节

（一）准备阶段

1. 学生自由分组，每组 3 ~ 5 人。

2. 教会学生用拟合软件进行数据分析和拟合。

（二）实践阶段

1. 理论学习与理想模型构建：教师向学生介绍斜抛运动的基本概念、射程和发射角度的定义；学生根据物理知识进行理论探究，建立忽略空气阻力等理想条件下射程与发射角之间的数学模型。

2. 实验探究：各小组设计实验，用控制变量法探究斜抛物体射程与抛射角之间的关系，通过实际操作测量不同发射角度下的射程数据，测量十组以上的数据；学生自行设计实验方案、准备实验器材、进行实验操作和数据处理。在实验过程中，教师提供必要的指导和帮助。

3. 数学模型构建：在坐标纸上建立射程与抛射角的直角坐标系，用数据分析法和软件拟合建立实际条件下射程与抛射角的数学模型。

4. 模型分析：利用建立的数学模型，分析发射角度对斜抛物体射程的影响。通过绘制图表、计算等方式，让学生直观地了解发射角度与射程之间的关系，理解最佳发射角度的概念。

（三）分析讨论

1. 结果展示：学生将实际条件下实验结果的模型图像与理想条件下的模型图像进行对比，展示发射角度与射程之间的关系。每个小组向全班展示自己的实验设计、数学模型及分析结果。

2. 组织学生进行讨论，分析实验结果与理论预测之间的差异及其原因。通过讨论，提高学生的批判性思考能力和问题解决能力。

四、活动评估

活动结束后，通过以下方式评估学生的学习成效：

1. 知识掌握情况：通过理论测试和实验操作考核，评价学生对斜抛运动基本概念、数学模型以及实验操作的掌握情况。

2. 跨学科思维能力：通过对学生在数学模型构建和分析过程中的表现进行评价，评估学生的跨学科思维能力和创新能力。

3. 解决问题的能力：通过对学生在实验验证和结果展示与讨论过程中的表现进行评价，评估学生解决问题的能力、沟通能力和协作能力。

五、活动总结

1. 教师活动总结：本次活动组织情况、学生学习情况两个方面的优点与不足，改进措施，以及个人的活动感悟。

2. 学生活动总结：活动反思（完成作业的过程中遇到哪些困难，有哪些地方前期没做好，后来有什么改进方法，还有什么其他想法等，写在下面空白处，不够地方写可以另附纸稿）。

后记

本书内容包括理论探索与实践应用两个主要的部分。理论探索包括相关学习理论，实施拓展型作业的依据，拓展型作业设计与实施的方法、路径，作业资料的应用等；应用部分包括与普通高中物理必修与选择性必修六个模块教学内容配套的高中物理拓展型作业主题，以及几种典型的拓展型作业内容设计与学案示例。应用部分的内容均可直接用于物理教学中作业的布置。

在高中物理常规教学中整合拓展型作业，是适应新课标理念、培养学生核心素养的重要途径。本书为高中物理拓展型作业的推广与应用提供了理论支持：提炼了“在班级、在社团、在假期留校学生中实施拓展型作业，以及寒、暑假开展拓展型作业竞赛”的典型路径，体现了作业实施与培养学生核心素养路径上的创新，也为学校教育管理提供了新的选择。书中的拓展型作业设计与应用场景的阐述，为物理教师进行教学创新提供了新的思路。对于在教学中注重培养学生学以致用意识与知识应用能力的教师，以及在教学中尝试创新的教师，本书是您值得一读的读物！

本书是拓展型作业实践的初期成果，必然还有很多不足之处，尤其是实验类的作业，很多需要在学校实验室完成。本书需要继续探索的内容，包括但不限于如何将拓展型作业纳入学生的学业水平评价，如何充分发挥拓展型作业评价对学生学习物理的激励作用等。在实施拓展型作业培养学生学科素养，尤其是实践方面，也希望得到更多的专家、同行的建议和指导！

感谢以下课题组成员为本书的内容做出的积极贡献，他们是：广东省中山市实验中学的张娜老师、林玉老师、崔楠老师、刘湘衡老师、向菲老师，广东省中山市古镇高级中学的廖启活老师，广东省中山市东区中学的纪天舒老师。特别是张娜、林玉、崔楠三位老师为课题的实践做出了重要的贡献。

感谢中山市正高级教师何晋中老师、楼卫琴老师、朱小青老师的悉心指导，感谢中山市正高级教师胡振欢老师提供宝贵的意见。

感谢中山市教研室段菁华主任、郭跃辉老师、曾奇老师对课题成果的推广和出版提供大力支持。

最后，要特别感谢愿意花费时间精力阅读本书的读者朋友。如果您有任何想要交流的内容，欢迎您给我发邮件（邮箱地址：442941547@ qq. com）。

谭国武

2024 年 10 月 8 日